Film und Literatur

Analysen, Materialien, Unterrichtsvorschläge

Grundbuch

Einführung in Begriffe und Methoden der Filmanalyse

von Wolfgang Gast

Verlag Moritz Diesterweg
Frankfurt am Main

Die Reihe „Film und Literatur“ wird herausgegeben von Wolfgang Gast.

ISBN 3-425-06481-9

Umschlagentwurf: Raaf & Gratzfeld Design, Mainz
Satz: Fotosatz Otto Gutfreund GmbH, Darmstadt
Druck und Bindung: graphoprint, Koblenz
Printed in Germany

Inhalt

0 Vorwort

Die Idee zu diesem Bändchen entstand in unmittelbarem Zusammenhang mit der Reihe „Film und Literatur“: deren Analysen bedienen sich ständig filmsprachlicher Begriffe und filmanalytischer Methoden, die nicht in jedem Beitrag gesondert vorgestellt, definiert und erklärt werden können. Es gibt zur Zeit aber auch kein Material, wie es für diesen spezifischen Verwendungszusammenhang gebraucht wird. Die kurz gefaßten Lexika der Film- und Fernsehsprache, wie sie von Hickethier und anderen vorliegen[1], sind als erste Orientierung geeignet, stellen aber für den mit den audiovisuellen Medien wenig vertrauten Lehrer, Dozenten, Studenten oder Schüler kein wirklich praktikables Instrumentarium bereit, zumal in der Regel veranschaulichende Beispiele fehlen.

Filmanalytische Grundlagen sind wiederum entweder so enzyklopädistisch angelegt, daß sie weit über die Bedürfnisse des Unterrichts hinausgehen[2] oder stärker theoretisch orientiert sind[3]. Auch ausdifferenzierte Aufsatzsammlungen und Reader zu exemplarischen Analysen einzelner Filme und Literaturverfilmungen[4] können eine praxisorientierte Einführung nicht ersetzen.

Das „Grundbuch“ ist deshalb auch unabhängig von der Reihe „Film und Literatur“ so konzipiert, daß es auf beschränktem Raum möglichst anschaulich dem filmsprachlich Interessierten ein erstes begrifflich-theoretisches und analytisches Basiswissen für die Beschäftigung mit Filmen und Verfilmungen zur Verfügung stellt. Die für die didaktisch orientierte Filmanalyse relevanten Begriffe und Methoden werden vorgestellt und so oft wie möglich an pädagogisch bedeutsamen Beispielen veranschaulicht. Wichtige medientheoretische bzw. filmhistorische Verweise (so etwa in den Abschnitten „Adaption“, „Montage“, „Wort-Bild-Beziehungen“, „Bedingungen der Medienkommunikation“) fehlen dabei nicht. Um die Einführung übersichtlich und handhabbar zu halten, beschränkt sich die Darstellung auf die in diesem Kontext wirklich notwendigen Aspekte.

1 In: *Paech*, 1975.
2 Als Erweiterung selbstverständlich empfehlenswert: so etwa *Kandorfer*, 1978; *Kuchenbuch*, 1978; *Monaco*, 1980.
3 Vgl. *Faulstich*, 1978.
4 Z. B. *Kanzog*, 1981; *Albersmeier*, 1989.

Andere, zur Systematik der Filmsprache und Filmanalyse gehörende, aber hier weniger zentrale Begriffe und Methoden werden der Vollständigkeit halber meist genannt und zum Teil auch kurz definiert. Wenn das Bändchen über die Vermittlung von elementarem filmsprachlichem Handwerkszeug hinaus das Interesse an weiterer, genauerer und theoretisch wie historisch differenzierterer Information weckt, hat es seine Funktion erfüllt – knappe Kommentare zu wichtigen Lexika, Theorie-Readern, Analysesammlungen usw. finden sich in den Literaturhinweisen.

Der Aufbau des Bandes stellt die Filmsprache (Kapitel 2) in den Mittelpunkt: Beginnend mit den „Zeichen“, den zum Teil filmproduktionstechnischen Elementen wie Einstellungsgrößen, Perspektiven, usw. werden dann zunehmend komplexere, die „Syntax“ eines Films repräsentierende Aspekte dargestellt, wobei „Montage“ den abschließenden und zweifellos wichtigsten Abschnitt bildet.

Es wurde nicht versucht, die Systematik aus einer Filmtheorie abzuleiten, wie das bei Kracauer (1975), Monaco (1980) u. a. der Fall gewesen ist. Das hätte eine Auseinandersetzung mit filmtheoretischen Konzepten erfordert, die den Rahmen und angestrebten Verwendungszweck des Bandes überstiegen hätte. Dieses gilt auch für die Systematik *einzelner* Aspekte: So wurden bei der Darstellung der Bild-Sprache-Ton-Beziehungen oder bei der Montage-Systematik zwar Hinweise auf die zugrundeliegenden Theorien gegeben, aber – als Ergebnis der Auseinandersetzung mit verschiedenen theoretischen Konzepten – pragmatisch orientierte Lösungen vorgelegt.

Das Konzept des Bandes geht von der Annahme aus, daß zur Beantwortung und Lösung von Fragen und Problemen, die sich bei der Vorbereitung oder Durchführung von konkreten Unterrichtsprojekten zum Thema „Literatur und Film“ ergeben, die in Kapitel 2 vorgestellten Begriffe und Verfahren eine wirksame erste Hilfe darstellen. Die Einführung in die Systematik des „Feldes der Medienkommunikation“ (Kapitel 1) soll einen begrifflich-methodischen Rahmen schaffen, um sozusagen auf der Metaebene die Filmanalyse einordnen zu können. Kapitel 3 stellt – insbesondere für die Makroanalyse – Kategorien für die Beschreibung und Beurteilung von Konzepten der Literaturverfilmung bereit, während abschließend einige grundlegende Hinweise zu Einheiten, Hilfsmitteln und Methoden der Filmanalyse gegeben werden. Auf ein sehr ausführliches – und dann auch leicht ausuferndes und eher verwirrendes – Literaturverzeichnis wurde zugunsten einer kommentierten Vorstellung einiger weniger grundlegender Beiträge, Bücher und Aufsatzsammlungen verzichtet.

1 Das Feld der Medienkommunikation

Bevor genauer auf die Filmsprache und filmsprachliche Analysemethoden eingegangen wird, sollen eine Reihe von Voraussetzungen und Bedingungen der Filmanalyse dargelegt und diskutiert werden.

Die Erweiterung des Textbegriffs, seit Helmut Kreuzers „Veränderungen des Literaturbegriffs“ (1975) in der Literaturwissenschaft allgemein akzeptiert[1], vollzog sich auf zwei Ebenen:

a) *Auf der quantitativen Ebene:* Neben im engeren Sinne literarischen Texten gehörten nun auch unterhaltende, informierende und werbende Textgenres zum Forschungs- und Lehrbereich einer sich kommunikationswissenschaftlich erweiternden Literaturwissenschaft und Literaturdidaktik; neben Drucktexten wurden zunehmend auch audiovisuelle (Filme, Fernsehspiele, Werbespots, TV-Informationssendungen) und auditive Texte (Hörfunk-Nachrichten, Hörspiele, u. a.) einbezogen.

b) *Auf der qualitativen Ebene:* Die quantitative Erweiterung auf massenmediale Texte verstärkte auch eine qualitative Erweiterung des Textbegriffs. Die nach wie vor wichtige und unentbehrliche Analyse der ästhetischen Struktur eines Textes wurde ergänzt durch literatursoziologische, sozialwissenschaftliche, kommunikationspsychologische und andere Methoden; der Text als ein wichtiger, aber nicht alleinstehender Faktor im Feld der Medienkommunikation wurde durch Berücksichtigung der Komponenten Produktion, Mediendistribution und Rezeption relativiert.

Die erste Grafik (Abb. 1) soll diese veränderte Perspektive, die für den angemessenen Umgang mit Filmen bzw. Literaturverfilmungen besonders wichtig ist, verdeutlichen: Ein Film ist in ein Feld der Medienkommunikation eingebettet; eine Be-

1 *Helmut Kreuzer,* Veränderungen des Literaturbegriffs. Göttingen 1975.

Abb. 1: Medienkommunikationsfeld „Literaturverfilmung“

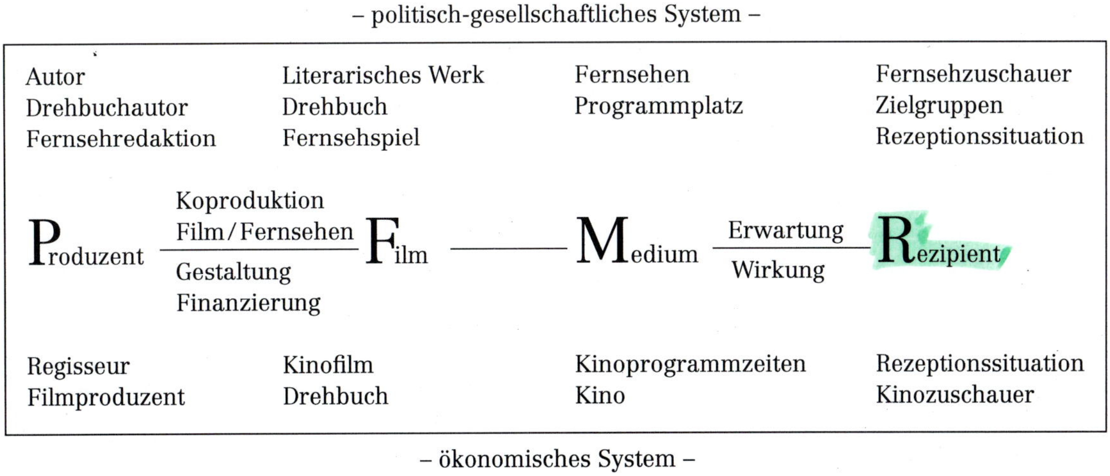

schränkung der Analyse auf die filmästhetische Struktur des Textes oder etwa auf den Vergleich von Film und literarischer Vorlage blendet viele andere wichtige Aspekte aus. Auch der politisch-gesellschaftliche, historische und ökonomische Rahmen der Medienkommunikation ist für die Analyse wichtig, weil er auf alle Faktoren des Feldes einwirkt. Ein in der Bundesrepublik von Fernsehen und Filmindustrie koproduzierter Film nach literarischer Vorlage z. B. unterscheidet sich von einem in der ehemaligen DDR produzierten oder während des Dritten Reiches hergestellten Film in bezug auf alle wichtigen Dimensionen des Feldes erheblich. Produktionsinteressen und Herstellungsverlauf sind ebenso unterschiedlich wie filmsprachliche Struktur und inhaltliche Aussage, von der unterschiedlichen Rezeptionssituation der Zuschauer in den verschiedenen Systemen gar nicht zu sprechen.

In besonderen Fällen läßt sich der Einfluß des Systemrahmens an unterschiedlichen Verfilmungen derselben literarischen Vorlage im Vergleich abschätzen, etwa bei Fontanes „Effi Briest“, für die vier Filmadaptionen aus unterschiedlichen Epochen und Gesellschaftssystemen vorliegen: Nach Gustav Gründgens Bearbeitung mit dem Titel „Der Schritt vom Wege“ von 1939 folgte in der Adenauer-Ära der Bundesrepublik 1955 „Rosen im Herbst“ von Rudolf Jugert; die dritte Bearbeitung, „Effi Briest“ von Wolfgang Luderer, stammt aus der DDR von 1968; den vorläufigen Abschluß bildet Rainer Werner Faßbinders „Fontane Effi Briest“ von 1974.

Ein zweites Beispiel für Mehrfachbearbeitung sind die Filmadaptionen der Storm'schen Novelle „Der Schimmelreiter“, für die drei Bearbeitungen (Oertel 1933, Weidenmann/BRD 1978, Gendries/DDR 1986) vorliegen.

Die Grafik soll veranschaulichen, daß viele weitere Aspekte des Feldes, in lockerer Verbindung mit den einzelnen Hauptfaktoren, einbezogen werden können und sollen. Im folgenden werden die wichtigsten Sektoren des Medienfeldes von Filmen einzeln dargestellt, grafisch veranschaulicht und mit einschlägigen Beispielen belegt.

1.1 Medienfaktor Produktion

1.1.1 Allgemeine Produktionsbedingungen von Buch und Film

Die klassische Frage an den literarischen Text: „Was hat der Dichter gemeint?“ müßte für den Medientext angemessen so lauten: „Welche Intentionen der Teilproduzenten kommen im Film explizit und implizit zum Ausdruck?“ Für den Sonderfall „Verfilmte Literatur“ komplizieren sich die Verhältnisse noch einmal.

Hinter dem P (für Produzent) des Kommunikationsmodells verstecken sich bei näherer Betrachtung eine ganze Reihe von Teilproduzenten mit unterschiedlichem Gewicht für die Produktion. Abb. 2 verdeutlicht, daß der Autor der literarischen Vorlage nur *ein* Teilproduzent unter anderen ist – und für den Film keineswegs der wichtigste. Der Einfluß des literarischen Autors auf den Film hängt, überspitzt formuliert, von seiner Marktstellung ab. Gehört er zur „ersten Garnitur“ gegenwärtiger Schriftsteller, wie etwa Böll zur Zeit der Verfilmung von „Die verlorene Ehre der Katharina Blum“ oder Martin Walser zur Zeit der Produktion von „Ein fliehendes Pferd“, so ist sein Einfluß verhältnismäßig stark. Heinrich Böll z. B. konnte sich an der Diskussion um die Drehbuchgestaltung Margarete von Trottas und um die filmische Realisation Volker Schlöndorffs beteiligen; Martin Walser verfaßte nach zwei unbefriedigenden Anläufen mit anderen Drehbuchautoren das Drehbuch zu „Ein fliehendes Pferd“ für die Verfilmung von Peter Beauvais weitgehend selbst.

Aber schon beim Vergleich von literarischer Vorlage und der Verfilmung von „Die verlorene Ehre der Katharina Blum“ ist zumindest zweifelhaft, ob nur medienspezifische Gründe für die völlig veränderte Erzählstruktur der beiden Werke – aus der analytischen Erzählvorlage wurde ein linear erzählter Action-Film – verantwortlich waren; ob nicht doch das Zusammenspiel von Fernsehspiel/Redaktion (als Koproduzent des Films) und Regisseur dafür gesorgt haben, daß der Film

Abb. 2: Produktionsaspekte „Literaturverfilmung"

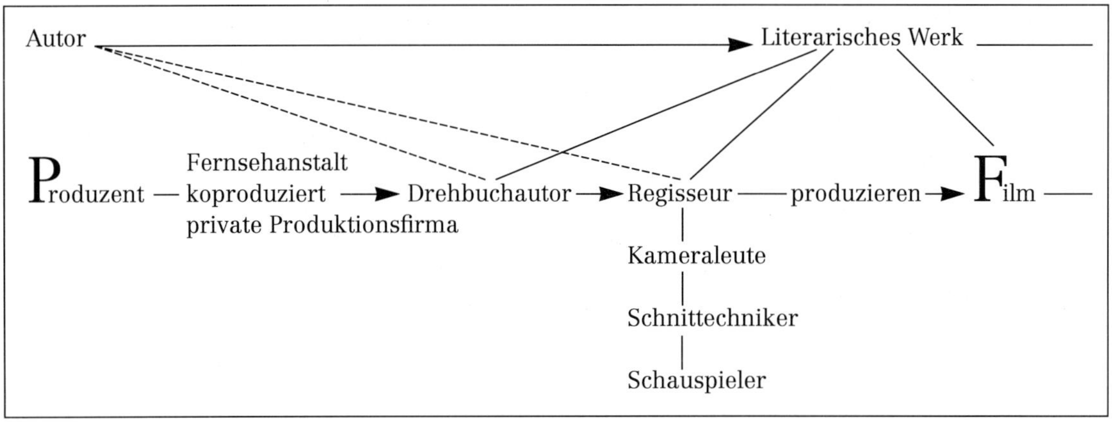

die „Unterhaltungserwartungen des Massenpublikums genügend berücksichtigt".[2]

Literaturautoren, die häufig mit dem Fernsehen zusammengearbeitet haben, berichten immer wieder von entsprechenden Erfahrungen, so etwa Leopold Ahlsen, Bernd Schröder u. a.[3]

Ganz deutlich wird das unterschiedliche Gewicht von Literatur, Autor und Regisseur an einem Beispiel wie „Vorstadtkrokodile": Hier wurde die Essenz des Buches, die sozialen Aspekte der schwierigen Integration eines behinderten Jugendlichen in die Peer-group zugunsten von mehr Action-Unterhaltung aufgegeben. Max von der Grün hatte auf den Film von Wolfgang Becker praktisch keinen Einfluß – schon an der Auswahl des Krimispezialisten Becker („Tatort") als Regisseur war er überhaupt nicht beteiligt.

Für die Analyse von Literaturverfilmungen haben diese Produktionsverhältnisse Folgen. Bei der Untersuchung der Intentionen eines Filmes sind zu allererst einmal die Filmproduzenten zu befragen: der Regisseur an erster Stelle, aber auch Kamerafrau/mann, Cutter(in), evtl. auch profilierte Schauspieler – dann die geldgebenden Teilproduzenten; bei Fernsehspielen und koproduzierten Verfilmungen (dazu gehören die meisten anspruchsvollen Literaturverfilmungen der letzten Zeit) die verantwortlichen TV-Redakteure bzw. TV-Dramaturgen.

Befragen heißt in diesem Zusammenhang erst einmal, vorhandene Statements und Interviews aus Presse und aus Fernseh- oder Verleih-Public-Relations auszuwerten; grundsätzliche Positionsäußerungen, wie sie bei profilierten Regisseuren häufig gedruckt vorliegen, auf die analysierte Produktion zu beziehen – das läßt sich etwa bei Faßbinder, Schlöndorff, Herzog u. a. tun. Befragen kann auch heißen, von der zuständigen koproduzierenden Fernsehanstalt eine Stellungnahme zu erbitten.

Von der Produktionsseite her wird also auch deutlich, daß eine Literaturverfilmung in erster Linie ein Film ist und keine Verfilmung. Die Produktionsmittel sind so unterschiedlich wie das daraus folgende Produkt. Daher ist jede Analyse des Films verkürzt und unangemessen, die diesen nur im Vergleich mit der Literaturvorlage und dann häufig auch nur auf der stofflich-inhaltlichen Ebene bearbeitet.

Entsprechend sollten die Untersuchungsgrundlagen gewählt werden:

2 Dazu ausführlicher: *Wolfgang Gast,* in: Diskussion Deutsch, Heft 38 (1977), S. 591 bis 596, Zitat, S. 594.

3 Vgl. *Leopold Ahlsen,* Bericht über eine Fernsehadaption. In: Das Fernsehspiel im ZDF, Heft 10 (1975); *Bernd Schröder,* Partner statt Einzelgänger. In: Medium, Heft 11 (1975).

– Das Drehbuch: Dieses ist eine Produktionsstufe des Films, weicht oft erheblich von der filmischen Realisierung ab.
– Das Transkript: Dieses ist ein Filmprotokoll *nach* dem Film und kann als Hilfsmittel für die Analyse sehr hilfreich sein; es gibt nur wenige Beispiele auf dem Markt, z. B. das Transkript zu Schlöndorffs/von Trottas „Die verlorene Ehre der Katharina Blum“ von Andrea Park. In Teilen kann für wichtige Einstellungen und Sequenzen ein Filmprotokoll selbst hergestellt werden, wobei die eigene Protokollierung zugleich ein wichtiger Analyseschritt sein kann.

1.1.2 Zum Produktionsprozeß im einzelnen

Die Grafik (Abb. 2) gibt nur einen schematischen Ablaufplan der Filmproduktion wieder, wobei einzelne Phasen noch weiter zu untergliedern wären. So geht der Entstehung des Drehbuchs, der Grundlage jedes Films, auch jeder Literaturverfilmung, ein mehrstufiger Prozeß voraus. Diese und weitere Produktionsaspekte sollen im folgenden – teilweise am Beispiel der Literaturverfilmung „Die Ilse ist weg“ von Ilse Hofmann nach dem Roman „Ilse Janda, 14“ von Christine Nöstlinger – näher beleuchtet werden. Die wichtigsten Produktionsaspekte werden mit Begriffen beschrieben, die auch in der Regel auf den Besetzungsplänen zu den einzelnen Produktionen auftauchen. Beginnen wir mit dem Begriff *Redaktion,* denn dort beginnt praktisch der Weg eines Stoffes bis hin zum konkreten Film innerhalb einer Fernsehanstalt. Jede einzelne Fernsehanstalt setzt sich aus verschiedenen Redaktionen zusammen, die nach thematischen Gesichtspunkten gebildet werden. So gibt es z. B. Nachrichtenredaktionen und Kinderredaktionen. Die Arbeit der Redaktionen und somit auch der Redakteure ist in Ansätzen mit der Arbeit des traditionellen Dramaturgen zu vergleichen.

Ihre Aufgaben sind z. B. die Lektüre und vorschlagende Auswahl von Drehbüchern und Scripten, aber auch die dramaturgische Begleitung einzelner Produktionen. Darüber hinaus gehört es zur Arbeit des Redakteurs, im Entstehen befindliche Produktionen nach außen hin zu präsentieren, z. B. durch die Erstellung von Informationsmaterial für die Öffentlichkeit. Ein ganz wesentlicher Aspekt der Arbeit eines Redakteurs ist aber auch die ständige Kontaktpflege mit Drehbuchautoren und Regisseuren, die für seinen Bereich interessant und wichtig sind, und die Entwicklung und Förderung neuer Projekte im Bereich der Fernsehproduktion.

Ein Redakteur wird in der Regel nicht mit einem fertiggestellten Drehbuch konfrontiert, sondern ein Stoff oder eine Stoffidee wird ihm anhand eines Ideenentwurfes/einer Filmskizze übermittelt. Diese bildet den ersten Grundstein zu einem späteren Drehbuch. Die Entstehung eines Drehbuchs läßt sich grob folgendermaßen gliedern[4]:

1. *Idee/Filmskizze*

Meist läßt sich eine Idee in wenigen Sätzen zusammenfassen. Sie bildet die Keimzelle der späteren Filmstory und begründet auch die Wahl einer Literaturvorlage.

⇩

2. *Exposé*

Kurze Skizze der Haupthandlung; läßt filmische Form noch unberücksichtigt.

⇩

3. *Treatment/Script/Filmerzählung*

Detaillierte Wiedergabe des Inhalts; Aufteilung in szenische Komplexe; Spaltenform: Bild- und Tonspalte bereits getrennt.

⇩

4. *Drehbuch*

Detaillierte Verschriftung des Stoffes mit Angabe von Handlungsort, -zeit; ausgeführte Dialoge, einzelne Regieanweisungen; strenge Spaltenform.

4 Vgl. auch *Kandorfer,* 1978, S. 299 ff.

Das fertige Drehbuch ist die Arbeitsgrundlage für die Filmproduktion, es unterliegt aber in der Regel noch häufigen Modifizierungen während der konkreten Dreharbeiten und ist somit einem ständigen Wandel unterworfen. Wer nun fertigt ein solches Drehbuch an? Hier muß man zwischen dem klassischen Drehbuchautoren und den Autorenfilmern unterscheiden. Der klassische Drehbuchautor ist derjenige, der entweder einen vorliegenden Stoff (z. B. Romanvorlage) zu einer filmgerechten Version umarbeitet oder auch eigene Stoffe entwickelt und sie bereits mit Blick auf das Medium Film verschriftlicht.

Seit sich in den 60er Jahren das Konzept des Autorenfilms entwickelte (Oberhausener Manifest von 1962), hat sich auch das Bild des Drehbuchautors gewandelt. Der Autorenfilmer ist in Personalunion Drehbuchautor und Regisseur. Dieses Konzept des Autorenfilms wurde in erster Linie für die Filmproduktion und weniger für die reine Fernsehproduktion relevant.

Der *Regisseur* wird, wenn er sich nicht bereits an der Ideen- und Drehbuchentwicklung beteiligt hat, häufig mit dem bereits ausgearbeiteten Drehbuch konfrontiert und entscheidet sich dann anhand dieses Drehbuches für oder gegen eine Übernahme der Regie. Genaugenommen ist der Regisseur der künstlerische Leiter einer Filmproduktion und wird im großen Maße für Erfolg oder Mißerfolg verantwortlich gemacht. Die konkrete Arbeit des Regisseurs während der Dreharbeiten ist in erster Linie die eines Spielleiters: Dies meint, anders als beim Theater, nicht nur die Führung und Anleitung der Schauspieler, sondern auch die künstlerische Koordination von Schauspiel, Technik und Raumgestaltung. Diese Funktion übt er natürlich in Zusammenarbeit mit Schauspielern, Bühnenbildnern, Kameraleuten und vielen Technikern aus, so daß man durchaus von einem Produktionsteam sprechen kann. Die endgültige Entscheidung über die Art und Weise der filmischen Umsetzung bleibt allerdings dem Regisseur vorbehalten.

Es liegt in der Natur des Mediums, daß die *Kamera/Kameraführung* das wesentliche Mittel zur filmisch-künstlerischen Umsetzung eines Stoffes ist. Da die Kameraführung eine technische Spezialdisziplin ist, die kaum ein Regisseur selbst perfekt beherrscht, wird für einen künstlerisch ambitionierten Regisseur der Kameramann/Kamerafrau zum wichtigsten und engsten Mitarbeiter. Sie müssen soviel Fantasie und Sensibilität besitzen, daß sie die (optischen) Vorstellungen des Regisseurs antizipieren und in einem zweiten Schritt mit Hilfe der Kamera materialisieren können.

Die Hauptverantwortung für den Film trägt neben dem Regisseur die *Produktionsleitung*. Der Produktionsleiter ist sozusagen der Manager eines einzelnen Filmprojekts. Seine Aufgabe besteht darin, die verschiedenen Bereiche einer Filmproduktion (künstlerischer und technischer Bereich etwa) zu koordinieren, den Produktionsverlauf in Absprache mit allen Beteiligten zu entwerfen und das Finanzbudget sinnvoll zu verwalten.

1.2 Medienfaktor Text/Film

Nach wie vor stellt die Analyse des „Textes" den zentralen Punkt jeder Untersuchung von Literaturverfilmungen dar. Unter Text ist hier zunächst nicht der literarische Text der Vorlage zu verstehen, auch nicht der nur sprachliche Teil des Films, sondern der Film mit allen seinen audiovisuellen Merkmalen. Als Prämisse jeder Filmanalyse sollte gelten:

Der Film – auch der Film nach literarischer Vorlage – hat eine eigene filmsprachliche Struktur, die sich durch das Zusammenspiel von Bild, Sprache und Ton konstituiert. Diese Kombination der Elemente verschiedener Zeichensysteme generiert Sinn, formuliert Aussagen, spiegelt auf ihre Weise gesellschaftliche, politische, historische Wirklichkeit wider.

Für die Analyse folgt daraus, daß man mit Hilfe filmspezifischer Kategorien erst einmal den Film als eigenständiges künstlerisches Gebilde mit gesellschaftlich-politischem Verweischarakter zum

Abb. 3a: Medienfaktor „Text/Film"

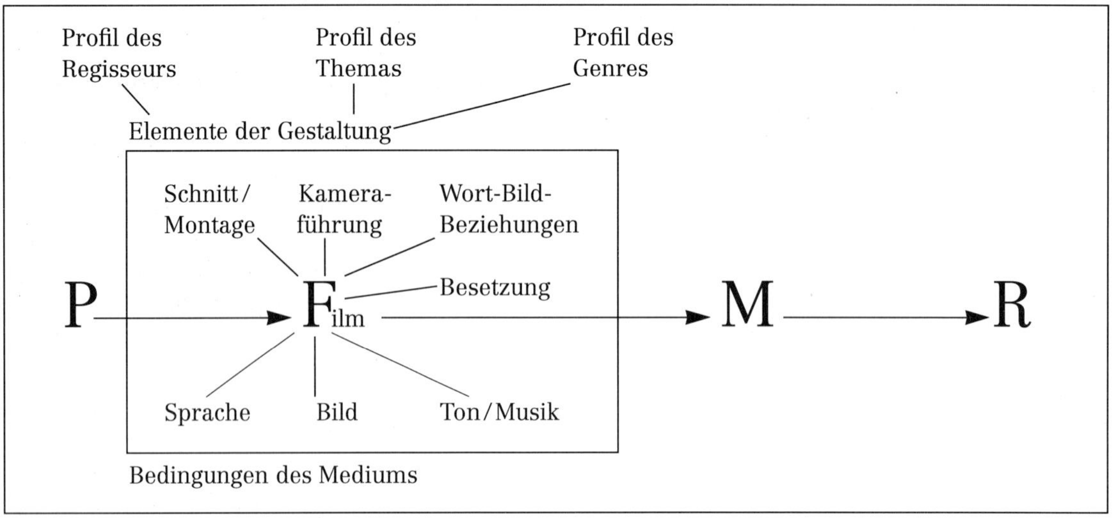

Abb. 3b: Medienfaktor „Text/Literaturverfilmung"

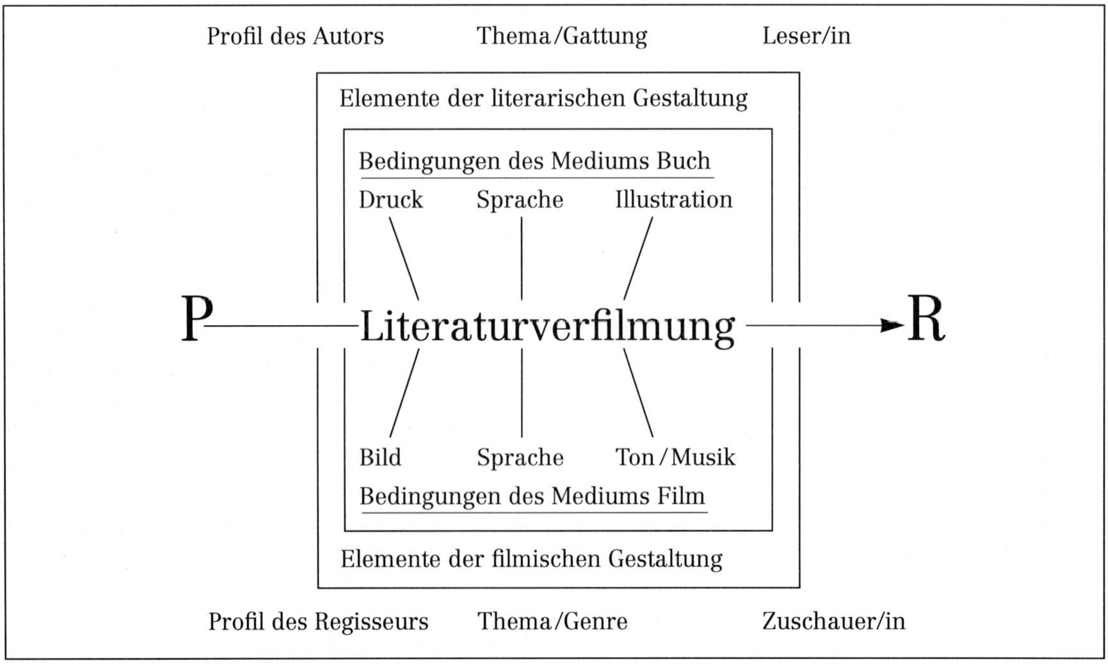

Untersuchungsgegenstand macht (Abb. 3a. Zu den einzelnen Methoden der Mikro- und Makroanalyse der Filmsprache, der konzeptionellen Darstellung, der Adaptionsform usw. vgl. die gesonderten Kapitel).

Die Grafik (Abb. 3b) verdeutlicht auf allgemeiner Ebene eine für die Analyse wichtige Unterscheidung: Es gibt Merkmale, die sich aus den spezifischen Bedingungen des Mediums ergeben; und es gibt Merkmale, die Elemente der bewußten Gestaltung des Films durch Regisseur, Kameramann/frau usw. sind. Daß eine Nebenfigur, die im Roman nur kurz erwähnt wird und umrißhaft beschrieben ist, im Film in kompletter Zeichnung mit detailliertem Äußeren, genauer Mimik und Körpersprache, Bekleidung usw. erscheint, ist Ausdruck der Medienbedingungen des Films; daß diese Figur aus der Froschperspektive, nah, mit starr wirkender Maske gezeigt und durch schrille Musik aus dem Off negativ „aufgeladen" wird – das ist dann Gestaltungswille des Regisseurs. Dasselbe gilt nicht nur für einzelne Einstellungen, sondern für den Erzählduktus einzelner Sequenzen bzw. des ganzen Films.

1.3 Medienfaktor Rezeption/Wirkung

Der Aspekt Rezeption ist auf vielfache Weise bei der Analyse von Filmen berührt:

- Als Wirkungs*absicht* der Produzenten, die sich im Film manifestiert,
- als Wirkungs*potential* des Films, das sich auf den verschiedenen Ebenen eines Films konstituiert (z. B. auf der Ebene der filmsprachlichen Appellstruktur, der Personendarstellung als Identifikations-, Projektions- oder Distanzierungsfigur, der thematischen Darstellung),
- als dokumentierte Rezeption des Films (Zuschauerzahlen, Einschaltquoten, Pressekritiken, öffentliche Resonanz – aber auch als Remake, als „Buch nach dem Film" u. ä.),
- als – plausibel vermutete oder empirisch erhobene – Rezeption des Films durch unterschiedliche Rezipienten bzw. Rezipientengruppen (wissenschaftliche Rezeptionsanalysen, aber auch pädagogische „kleine Empirie" in Schulklassen usw.),
- vermutete oder erhobene Wirkungen des Films bzw. des gesamten Medienbereichs im Sinne von Wahrnehmung und Verarbeitung.

Dabei ist vor allem zu vermeiden, Wirkungsintentionen, Wirkungspotential und Wirkungen eines Films miteinander zu vermischen.

Wirkungsintention

Diese läßt sich mit Hilfe von Absichtserklärungen der Produzenten (Interviews, Statements) ermitteln oder durch Interpretation des Profils von Regisseur und Drehbuchautor sowie durch Analyse des Films plausibel machen.

Wirkungspotential

Dieses muß nicht identisch sein mit der Wirkungsintention der Produzenten; entgegen deren Absichten kann die filmsprachliche und/oder thematische Gestaltung ganz andere bzw. zusätzliche komplementäre Rezeptionsangebote machen. Es können auch für unterschiedliche Rezipientengruppen unterschiedliche Wahrnehmungsangebote im Text enthalten sein. Präsentation des Films in verschiedenen Zeiten und gesellschaftlichen Systemen kann unterschiedliche Wirkungspotentiale freisetzen.

Wirkungen

Wirkungen lassen sich nie analytisch, sondern immer nur empirisch ermitteln. Empirisch heißt dabei keineswegs, daß es immer die große wissenschaftliche Repräsentativerhebung sein muß, sondern zur Empirie gehören auch kleinere Untersuchungen, etwa in Jugendgruppen/Schulklassen und auch qualitative Studien (Interviews mit wenigen, ausgesuchten Zuschauern). „Objektive Daten" wie Einschaltquoten, Verkaufszahlen des verfilmten Werkes, Umfang der Pressekritik usw. gehören ebenfalls dazu.

Abb. 4: Rezeption/Wirkung

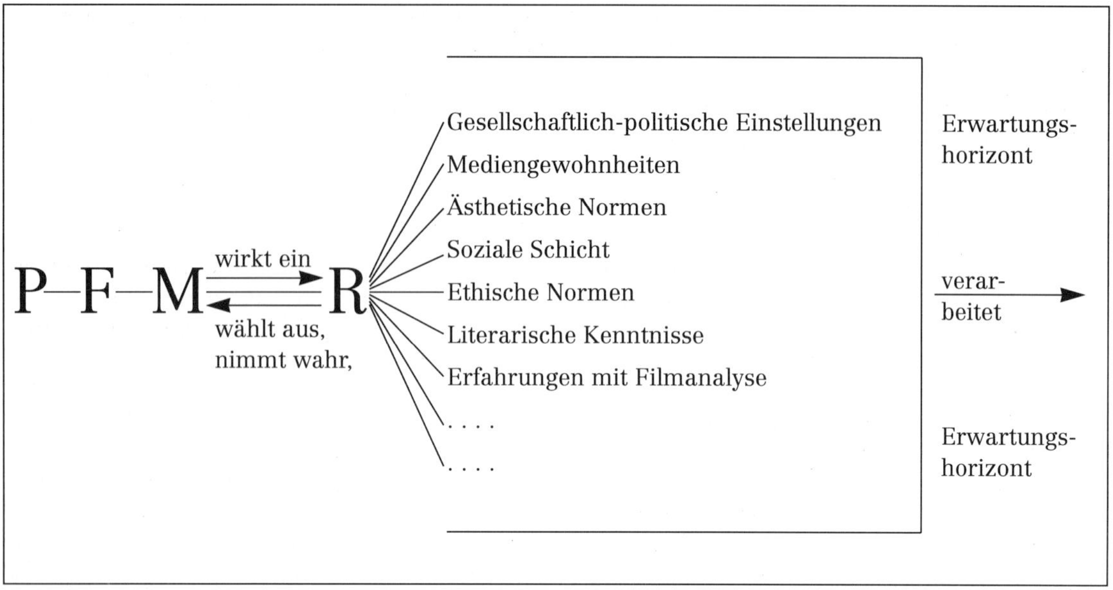

Die Einschätzung des Wirkungspotentials für bestimmte Rezipientengruppen – etwa für Jugendliche bestimmten Alters, Mädchen aus unteren sozialen Schichten usw. – muß nun keineswegs willkürlich sein, sondern kann einen hohen Grad an Wahrscheinlichkeit erreichen, wenn man die Interpretation des Films, die Kenntnis der Funktion des Mediums, Informationen über den Erwartungshorizont der Rezipientengruppe und den Wissensstand über einschlägige Wirkungsforschungshypothesen zum Verlauf von Wirkungen miteinander verbindet und zueinander in Beziehung setzt.

Abb. 4 soll diesen Problemzusammenhang grafisch veranschaulichen. Grundlage aller Wirkungshypothesen zu einem Film ist die gesicherte Erkenntnis, daß der Rezeptions- und Wirkungsprozeß kein einseitig linearer Vorgang ist, sondern daß ein Wechselverhältnis zwischen Text/Film und Rezipient vorliegt (Interdependenz).

Während man früher glaubte, Wirkungen seien als ein Stimulus-Response-Vorgang zu fassen, geht man heute davon aus, daß Rezeption nicht nur passiv „erlitten", sondern immer auch aktiv verarbeitet wird. Auswahl und Wahrnehmung der Information, der Bedeutung eines Films werden sehr stark durch den Erwartungshorizont bestimmt. Viele Komponenten – von der sozialen Schicht und ihren Normen bis hin zu Erfahrungen mit dem Medium – bestimmen Interesse und Wahrnehmungshorizont des Rezipienten. Diese wiederum sind verantwortlich für eine in der Regel „selektive Wahrnehmung", die darauf aus ist, vorhandene Einstellungen und Normen in zentralen Handlungsbereichen zu stützen bzw. zu bestätigen. Das ist nicht zwangsläufig so, in weniger wichtigen Bereichen kann auch Neugier und Wissensdrang vorherrschen, sehr identitätsstarke Rezipienten akzeptieren auch sehr konträre Angebote an Handlungsmustern und Verhaltensnormen.

Am Beispiel von Wirkungsabsicht und Wirkung des Films „Die verlorene Ehre der Katharina Blum" läßt sich das veranschaulichen. Während Böll und Schlöndorff meinten, die Darstellung der Tötung des Journalisten durch Katharina sei im

Bezug auf ihre Motive, ihre psychische Notlage so differenziert dargestellt, daß man auf keinen Fall die Sequenz als „geplanten Mord" wahrnehmen könne, erlebte ein Teil der Kinozuschauer das offensichtlich anders: Diese Zuschauer nahmen den Vorgang doch als Mord wahr und stimmten ihm auch als berechtigt zu. Diese Rezipientengruppe – zur Zeit der Erstaufführung politisch in starker Opposition zur Springerpresse hoch emotionalisiert – hatte die Szene selektiv wahrgenommen; ihre Einstellung zur Presse und zur politischen Situation in der Bundesrepublik, zur Polizei usw. und das allgemeine Meinungsklima in ihrer Bezugsgruppe ließen sie die differenzierte Zeichnung einfach nicht wahrnehmen. So kam eine Wirkung zustande, die im Wirkungspotential des Films sicherlich vorhanden ist.[5]

Weniger dramatisch verläuft selektive Wahrnehmung als Verstärkung eines z. B. geschlechtsspezifisch disponierten Erwartungshorizonts. So werden Mädchen etwa die einzige Mädchenfigur der Krokodilerbande in Wolfgang Beckers „Vorstadtkrokodile" (nach dem Jugendbuch von Max von der Grün) anders wahrnehmen als ihre männlichen Klassenkameraden. Umgekehrt bewerten Jungen das actionorientierte Westernverhalten der männlichen Krokodiler wahrscheinlich anders, intensiver und positiver als junge weibliche Rezipienten. Und Jugendliche beiderlei Geschlechts betrachten die Film-Eltern von Ilse Janda wohl eher ähnlich kritisch wie die jugendliche Protagonistin des Films. Erwachsene, die ja auch zur Zielgruppe dieses Fernsehspiels gehören, haben von den Film-Eltern sicherlich ein anderes Bild.

Der Erwartungshorizont ist jedoch nichts Statisches – er stellt ein dynamisches, veränderbares System an Dispositionen und Interessen dar: veränderbar durch Medienkommunikation selbst, aber auch durch personale Kommunikation, etwa im Elternhaus, in der Peer-group und in der Schule. In jedem Falle erschließen herangezogene Rezeptionsdaten und -zeugnisse weitere Bedeutungszonen des Films; vor allem relativieren sie Wirkungsprojektionen des Interpreten eines Films, der nicht selten seine eigene Rezeptionserfahrung zumindest implizit für allgemeingültig erklärt und voraussetzt. Identifikation, Projektion und Distanzierung im Bezug auf Filmfiguren sind auf jeden Fall eine wichtige Ebene, das Interesse für die im Text enthaltenen Wirkungsstrategien bei Rezipienten zu wecken. Damit ist für die pädagogische Arbeit ein motivierender und fruchtbarer Analysesatz gegeben.

5 Vgl. dazu: Film und Literatur, Bd. 1.

2 Filmsprache

2.1 Einstellungsgrößen

Wie auch bei anderen filmsprachlichen Kategorien ist Einstellungsgröße ursprünglich eine produktionstechnische Kategorie. Sie bestimmt, wie groß ein Mensch (und sinngemäß übertragen auch Gegenstände und Figuren) auf der Leinwand oder dem Bildschirm zu sehen sind. Sie vermittelt dem Zuschauer zugleich einen Eindruck von der Entfernung des Objekts – Mensch, Figur oder Gegenstand – vom Kameraobjektiv. Sie ist somit eine zentrale Kategorie für die Lenkung der Wahrnehmung des Zuschauers. Von der Rezeptionsseite her erscheinen die gezeigten Ausschnitte in verschiedenen Einstellungsgrößen eines Menschen unterschiedlich weit entfernt. Das ist jedoch eine Täuschung, denn der Zuschauer verändert seine Distanz zur Leinwand bzw. zum Schirm ja nicht. Das Verhältnis von Bildausschnitt zum Bildrahmen ist dafür verantwortlich; der Zuschauer greift dabei auf seine Alltagserfahrung zurück und überträgt diese auf den Film. Wenn er ein Gesicht sehr nahe sieht, ist er im Alltag Menschen sehr nah – wenn er Menschen nur als kleine Figuren in der Landschaft sieht, weiß er, daß diese weit entfernt sind.

Diese Übertragung von Alltagserfahrung auf die Wahrnehmung von Filmbildern ist zugleich eine Komponente jener Realismusillusion, die der Film leichter als andere Medien beim Rezipienten erzeugen kann.

Dieser doppelte Funktionsbereich der Einstellungsgröße – vom Produzenten her gesehen Ausdrucksmittel des gezeigten Wirklichkeits- und Handlungsausschnitts zu sein, vom Rezipienten her betrachtet Wahrnehmungsrahmen zu sein, in dem er das Geschehen, die Menschen, usw. rezipiert – soll bei den Beschreibungen der einzelnen Einstellungsgrößen berücksichtigt werden.

Die inhaltlich nicht näher bestimmten grafischen Darstellungen der einzelnen Einstellungsgrößen (s. Kasten S. 17) werden wiederum ergänzt durch Filmbilder: Auch hier läßt sich die semantische Bestimmung des gewählten Bildausschnitts nur im Kontext inhaltlicher Einordnung in die Filmhandlung plausibel vornehmen.

Zwischen extremer Nähe und extremer Entfernung hat sich eine achtstufige Skala von Einstellungsgrößen eingebürgert, die von der Produktionsseite her nötig sind und zugleich auch für eine differenzierte Analyse hilfreiche Kategorisierungen anbieten. Für die didaktische Arbeit kann es jedoch durchaus sinnvoll sein, die Zahl der Kategorien zu verringern, also etwa nur *Detail, Nah, Halbnah* und *Weit* zu unterscheiden.

Die hier vorgeschlagenen acht Einstellungsgrößen:

1. Weit (W)
2. Total (T)
3. Halbtotal (HT)
4. Halbnah (HN)
5. Amerikanisch (A)
6. Nah (N)
7. Groß (G)
8. Detail (D)

In Klammern die üblichen Kürzel, etwa für die Verwendung in Transkriptionen.

1. Weit

In dieser Einstellung kommt es auf Einzelheiten nicht an: Landschaften, Sonnenuntergänge, Skylines und anderes werden Weit gezeigt. Häufig als Beginn oder Abschluß einer Handlungssequenz soll die Weiteinstellung Atmosphäre vermitteln, symbolische Bilder entwerfen, eine Handlung gefühlvoll/monumental eröffnen oder beschließen. Die Beispiele aus Westernfilmen sind hier besonders anschaulich. Eine Weiteinstellung zeigt z. B. eine Wüstenlandschaft, an der am Horizont eine Staubwolke auftaucht; oder das Showdown ist entschieden, der Held reitet fort in eine weite Landschaft, bis er sich am Horizont verliert. Diese gefühlvoll-symbolische Darstellung

Einstellungsgrößen im Film

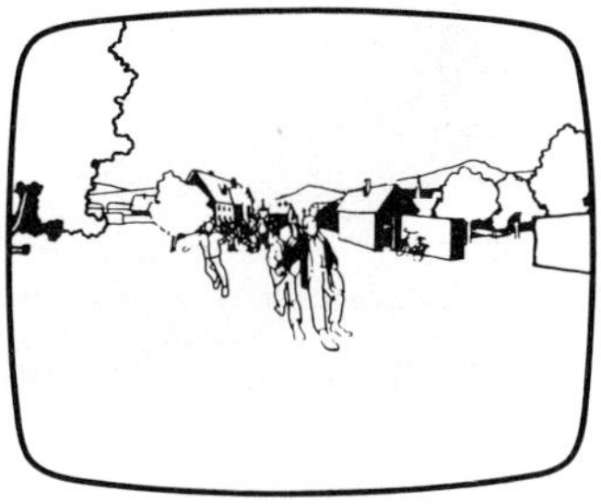

1. Weit (W)

2. Total (T)

3. Halbtotal (HT)

4. Halbnah (HN)

5. Amerikanisch (A)

6. Nah (N)

7. Groß (G)

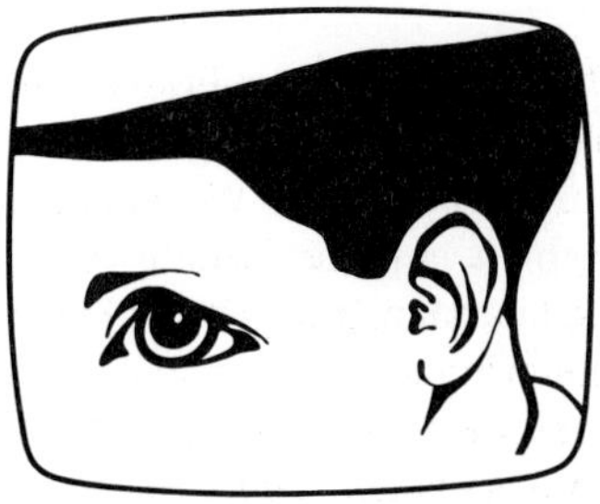

8. Detail (D)

wird dabei häufig musikalisch verstärkt. Zwei Beispiele sollen die über die Schlußtableaus hinausgehende Funktionsbreite der Weiteinstellung veranschaulichen.

Beispiel 1: High Noon: Vor dem Showdown

Eingebettet in Nah (3 Kumpane Frank Millers) und Groß (Sheriff Kane) ins Bild gesetzte Wartende, zeigt das mittlere Bild eine Weiteinstellung: Schienen, die sich in der Landschaft verlieren. Die Bedeutung ist hier klar. Noch ist der Zug nicht zu sehen, das Bild erinnert den Zuschauer daran, worauf alle warten: auf den Zug um 12.00 Uhr mittags. Die Weiteinstellung dient hier vor allem der Spannungssteigerung.

Beispiel 2: Der Schimmelreiter (1933): Deicheinweihung

Eine ganz andere Funktion hat die Weiteinstellung hier in der Deicheinweihungssequenz des „Schimmelreiter" von 1933. Der Deichgraf sagt in seiner Rede: „Dort wird neues Land erstehen, neue Höfe, neue Äcker usw." Die Weiteinstellung (eingedeichtes Land) ist bildlicher Beleg für den sprachlichen Text. Hier soll gar nichts Genaues gezeigt und gesehen werden, sondern eben nur Land, Erde, Raum.

Auf der denotativen Ebene heißt das natürlich erst einmal „eingedeichtes Land" an der Küste – im ideologischen Kontext ist die konnotative Bedeutung aber „Landgewinnung", „Lebensraum" mitgemeint.

2. Total (T)

Die Totale hat schon die Möglichkeit, Einzelnes erkennen zu lassen – eingebettet in eine Landschaft etwa. So besitzt sie häufig eine dramaturgische Funktion: Gezeigt wird die Handlung im Gesamtüberblick; der Zuschauer gewinnt Übersicht über das Geschehen, auch räumliche Orientierung. Die Totale ist also – im Gegensatz zur Weiteinstellung – stärker handlungsbezogen. Vorhergehende oder nachfolgende nähere Einstellungen des Geschehens werden für den Zuschauer räumlich eingeordnet. Er sieht nun das ganze Kampffeld, das ganze Haus usw., in dem die Nah gezeigten Aktionen stattfinden.

Beispiel: Der Schimmelreiter (1978): Deicheinweihung

Die ersten drei Einstellungen zeigen Nah- und Großeinstellungen der beunruhigten Teilnehmer des Festes: Man steckt die Köpfe zusammen und erzählt „Spukgeschichten" – die vierte Einstellung ist jetzt eine Totale: Beim Zuschauer wird der Eindruck wachgehalten, daß das Fest weitergeht; daß die abergläubische „Spökenkiekerei" am Rande des Festes und Festplatzes stattfindet. Nicht nur die räumliche, sondern auch die atmosphärische Orientierung wird so sichergestellt. Der Gegensatz zwischen dem offiziellen, fröhlichen Einweihungsfest und der angsterfüllten Stimmung vieler Teilnehmer wird so auch auf dieser Ebene vermittelt.

3. Halbtotal (HT)

In dieser Einstellung ist die Distanz zum Zuschauer immer noch recht groß. Man sieht jetzt Menschen von Kopf bis Fuß, kann ihre Handlungen insgesamt verfolgen; die Körpersprache ist gut zu sehen, die Mimik jedoch nicht genau zu erkennen. Die Umgebung der Handelnden tritt stärker in den Vordergrund.

Beispiel: Vorstadtkrokodile: Warten vor der Hütte

Ganz deutlich wird diese Funktionsänderung von Totale und Halbtotale in unserem Beispiel aus Beckers „Vorstadtkrokodile". Die Krokodiler mit dem an den Rollstuhl gefesselten Kurt in der Mitte warten in ihrer selbstgebastelten Hütte auf das

Erscheinen der Einbrecher, die sie in flagranti erwischen wollen. Die Sequenz beginnt mit einer Totalen, der Zuschauer soll sich orientieren, wo das Folgende sich abspielt. Die sich anschließende Halbtotale, die während der Sequenz von Zeit zu Zeit eingesetzt wird, fokussiert jetzt den Blick des Rezipienten auf die Körpersprache der Jugendlichen. Man erkennt noch – natürlich auch mit Hilfe der vorangehenden Totalen (Wember nennt das den „Induktionseffekt von Bildern") – den räumlichen Kontext (Hütte), aber man sieht schon gut, was einzelne Krokodiler tun, während sprachlich das Stichwort „Warten" fällt: Maria blickt durch ein Fernglas, Peter bohrt mit dem Finger in der Nase, Hannes hält mit den Händen einen Gegenstand hoch, nur Kurt wartet ruhig in seinem Rollstuhl. So vorbereitet werden jetzt in den folgenden Einstellungen die Gesichter der einzelnen Groß bzw. Nah mit der Kamera abgetastet.

4. Halbnah (HN)

Diese Einstellungsgröße wird gelegentlich mit der folgenden („amerikanisch") zusammengefaßt, aber es gibt doch charakteristische Funktionsunterschiede, die für die Analyse von Bedeutung sein können. In der Halbnaheinstellung sieht man Menschen etwa von den Knien an; die Beziehung von Figuren zueinander sind ebenso gut beobachtbar wie die kommunikative Situation.

Beispiel: High Noon: Kane kehrt um

Unser Beispiel stammt aus High Noon: Kane und Amy, gerade getraut, haben eine Auseinandersetzung. Der Dialog zu dieser Einstellung lautet:

Amy: „Bill, Bill. Ich flehe Dich an, laß uns gehen."

Kane: „Ich kann nicht."

Der Bildausschnitt ist deutlich auf diese Situation abgestimmt: Damit der Zuschauer selbst beobachten kann, ob Kane oder Amy geht, wird die Halbnaheinstellung gewählt. Die kommunikative Beziehung der Figuren ist so gut zu beobachten, der Raum nur situativer Kontext zur Figurenhandlung, der Aktionsraum der Personen auf den ganzen Körper ausgedehnt.

5. Amerikanisch (A)

Diese in manchen Übersichten weggelassene Einstellungsgröße zeigt eine Person etwa bis unterhalb der Hüfte. So läßt sich bei Westernhelden das Ziehen des Colts beobachten. Die Einstellungsgröße Amerikanisch ist auch nah genug, damit der Zuschauer bei Duellen, etwa beim Showdown als Höhepunkt eines Western, selbst sehen kann, wer zuerst den Colt zieht, schießt und so Sieger bleibt.

Beispiel: High Noon: Kane kehrt um

Es muß jedoch nicht immer das Duell selbst sein. In der schon öfter zitierten Sequenz aus „High Noon" gibt es im ersten Teil eine ganze Reihe von Amerikanisch-Einstellungen. Unser Beispiel zeigt Kane und Amy bei ihrer Auseinandersetzung. Während sie miteinander reden, legt Kane seinen Revolvergurt an, lädt den Colt, steckt ihn ein: Auf der Bild-Sprachebene ist für den Zuschauer die Entscheidung Kanes bereits klar. Das unbeirrte Anlegen des Colts signalisiert Hierbleiben, Kampfbereitschaft. Die zahlreichen Amerikanisch-Einstellungen halten im Blick, was kommen wird: der Kampf mit Miller und seinen Kumpanen, der Showdown.

Auch in „Vorstadtkrokodile“ mit den zahlreichen Westernanspielungen und -zitaten gibt es gerade bei der Zeichnung des Krokodiler-Chefs Olaf ebenfalls zahlreiche Amerikanisch-Einstellungen: Wie im Western – wenn auch hier ohne Colt – hat er die Hände an der Hüfte, jederzeit kampfbereit.

6. Nah (N)

Diese Einstellung entspricht etwa einem Brustbild einer Person. Im Fernsehen ist Nah die dominante Einstellungsgröße der Sprecher und Moderatoren. Im Film wird sie häufig dann gewählt, wenn die Aufmerksamkeit auf die Mimik der Personen, oft auch auf die Gestik gelenkt werden soll.

Beispiel 1: High Noon: Kane kehrt um

Die Auseinandersetzung zwischen Kane und Amy ist jetzt sehr emotional und dramatisch geworden: Die Naheinstellung Kanes und seiner Mimik soll dem Zuschauer sichtbar machen, wie er sich quält mit seiner Entscheidung.

Beispiel 2: Vorstadtkrokodile: Warten vor der Hütte

In diesen Bildern wird der Unterschied zur Großeinstellung ganz deutlich: Die Vorstadtkrokodiler warten auf die Einbrecher. Der Zuschauer sieht an den Gesichtern, daß es sich hinzieht. Er kann aber auch beobachten, was sie während des Wartens mit ihren Händen tun.

7. Groß (G)

Diese Einstellung zeigt den Kopf eines Menschen bis zum Hals bzw. Schulteransatz – die Wahrnehmung des Zuschauers wird ganz auf die Mimik konzentriert. Insbesondere für die filmische Darstellung von Gefühlen und Empfindungen ist die Beobachtung von Details (zuckender Mundwinkel, Augensprache, Naserümpfen u. ä.) von großer Bedeutung für die Rezeption.

Beispiel 1: High Noon: Vor dem Showdown

Die Situation ist gespannt: Der sich nähernde Zug mit dem auf Rache sinnenden Frank Miller ist schon zu hören, die Protagonisten in der Stadt warten stumm in ängstlicher Erwartung. Die rasch hintereinander geschnittenen ersten drei Bilder zeigen die Gesichter von Amy, Kane und Helen Ramirez (der früheren Geliebten Kanes), die alle drei von Nachdenklichkeit und Sorge bestimmt sind.

Das vierte Bild ist dazwischengeschnitten und zeigt in Großeinstellung die Uhr. So kann man die Zeiger deutlich erkennen, es ist zwölf Uhr mittags. High noon, der Zug kommt an.

Beispiel 2: Die neuen Leiden des jungen W.: Besuch in der Laube

Diese beiden Einstellungen bilden den Abschluß der Sequenz „Besuch in der Laube". Edgar wird von Charly in Begleitung ihres Verlobten Dieter in seiner behelfsmäßigen Laube besucht. Charly hat ihm soeben demonstrativ vorgeführt, daß sie an ihrem Verlobten hängt. Edgar teilt – mit den Worten Goethes aus „Werthers Leiden" – seinem Kumpel Willi auf dem Tonband mit, welche Gefühle ihn bewegen. Die letzte Großeinstellung zeigt deutlich, welche Gefühle das sind: Wut und Zorn spiegeln sich in seinem Gesicht.

8. Detail (D)

In dieser Einstellung ist ein extrem kleiner Ausschnitt einer Person oder eines Gegenstandes zu sehen – diese erscheint riesig vergrößert, extreme Nähe des Betrachters wird suggeriert. Die so verzerrt wirkende Einstellung bedarf des Zusammenhangs, vorhergehende oder nachfolgende weite Einstellungen stellen ihn her. Eingesetzt wird die Detaileinstellung oft zur emotionalen Intensivierung oder Spannungssteigerung.

Beispiel 1: Panzerkreuzer Potemkin (1925): Menschen und Maden

Diese Detaileinstellung hat für den Zuschauer Beweisfunktion. Er sieht – mit Hilfe der Detaileinstellung – die Maden im Fleisch und liest dazu als Insert die Feststellung des Offiziers: „Das Fleisch ist gut“. So wird die Ausbeutung der Matrosen des Panzerkreuzers verdeutlicht, ihr Aufstand für den Zuschauer motiviert.

Beispiel 2: Der Untertan: Auf dem Kasernenhof

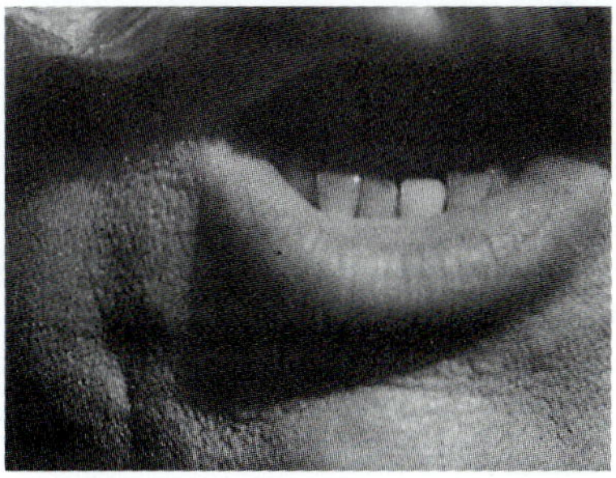

Hier hat die Detaileinstellung des auf- und niederklappenden Kiefers des Unteroffiziers auf dem Kasernenhof zwei Funktionen, nämlich die mechanisierte Welt des wilhelminischen Militarismus zu entlarven und zugleich Diederich Heßlings Rekrutenperspektive zu verdeutlichen: Er hört und sieht nur noch alles in extremen Ausschnitten, nimmt vor Erschöpfung nichts Zusammenhängendes mehr wahr.

Beispiel 3: High Noon: Vor dem Showdown

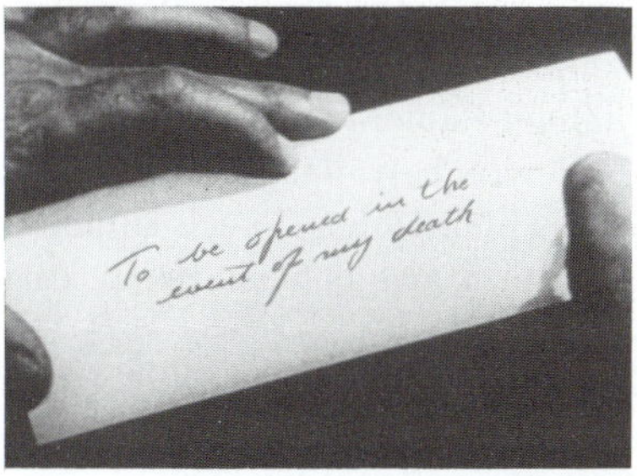

Hier hat die Detaileinstellung die Aufgabe zu zeigen, was Kane auf den Briefumschlag geschrieben hat: „To be opened in the event of my death.“ Er kalkuliert, das weiß der Zuschauer damit, also den Tod beim bevorstehenden Kampf ein, was die Dramatik und Spannung noch einmal erhöht.

2.2 Perspektiven

Ein elementares Mittel des Films für die Gestaltung und damit auch für die Wahrnehmungslenkung ist die Perspektive. Zwar ist „Perspektive“ kein genuin filmsprachliches Element (in der Bildenden Kunst spielt es, insbesondere in der Grafik, ebenfalls eine große Rolle), aber in keinem anderen Medium ist seine Bedeutung so groß wie im Film. Das ergibt sich zwangsläufig aus der Aufnahmetechnik. Die Kamera ist als Aufnahmeinstrument beweglich, kann ein Geschehen, eine Person oder eine Figur aus verschiedenen Positionen aufnehmen. Das Ergebnis sind unterschiedliche perspektivische Darstellungen, die drei – miteinander zusammenhängende – Funktionen haben:

1. Sie geben den Blick des Produzenten (Regisseurs, Kameramanns/frau) auf das Dargestellte wieder, sind – im Kontext anderer stilistischer und inhaltlicher Mittel – Ausdruck seiner Aussageintention.
2. Sie geben dem Dargestellten eine jeweils unterschiedliche Qualität, machen deutlich, daß ein abgebildetes Geschehen, eine im Film belichtete Person immer Ergebnis einer perspektivischen Darstellung ist.
3. Sie drängen den Zuschauer – meistens unmerklich, nur bei extremen Perspektiven für ihn sichtbar – in eine Wahrnehmungsrolle. Er sieht mit der Kamera auf die perspektivisch gestaltete Person bzw. das Geschehen und hat – wegen des Filmtempos – auch kaum Zeit, eine Alternative zur angebotenen Perspektive selbst zu entwickeln.

Perspektiven haben – wie alle filmsprachlichen Elemente – keine feste Semantik, keine ein für allemal festgelegte Bedeutungszuweisung. Immer nur die Analyse der Gesamtheit der Komponenten (filmsprachlich, stilistisch, inhaltlich, dramaturgisch) eines Bildes, eines gezeigten Geschehens kann die angemessene Einschätzung der Bedeutung ermöglichen. Dennoch lassen sich einige dominante Funktionstrends der einzelnen Grundtypen von Perspektiven festhalten.

Man unterscheidet drei Grundtypen, wobei die Extrem-Perspektiven in reiner Form nur selten (und bevorzugt in bestimmten Genres wie Psychothriller oder Satire vorkommen) – in der Regel haben wir es mit Mischformen zu tun, was ihre Wirksamkeit für die Bedeutungskonstitution und die Rezeptionslenkung jedoch nicht schmälert. Man bemerkt etwa die ständige leichte Untersicht auf eine Person kaum und weiß gar nicht, warum man die so dargestellte Person so und nicht anders einschätzt, sympathisch oder unsympathisch findet usw.

Grundform I: Normalsicht

Die Kamerahöhe, aus der das Geschehen aufgenommen wird, entspricht etwa der Augenhöhe eines erwachsenen Menschen (ca. 1,70 m). Das entspricht am ehesten der Normalsicht der alltäglichen Wahrnehmung. In Kinderfilmen muß Normalsicht natürlich anders definiert werden. Die – je nach Altersgruppe der Darstellung – unterschiedliche geringere Kamerahöhe verändert auch die gesamte Darstellung der Welt aus der Sicht von Kindern. So kann in Kinderfilmen – konsequent aus der kindlichen Perspektive gedreht – beim Blick auf die Welt der Erwachsenen eine ständige Untersicht vorherrschen, Ausdruck der kindlichen Wahrnehmungsperspektive.

Funktion: Die Normalsicht hat häufig die Aufgabe, den Eindruck von Realismus, von Authentizität, von Objektivität der filmischen Darstellung auf filmsprachlicher Ebene zu unterstützen. Wegen der schon oft beobachteten Realitätsanmutung von Filmbildern kann diese Perspektive dann eine Realismusillusion fördern, die den Zuschauer vergessen läßt, daß er einen Film als Mimesis von Realität erlebt und nicht das Leben selbst.

Grundform II: Froschperspektive (Untersicht)

Diese Grundform kennzeichnet eine Kameraperspektive, die von unten auf ein Geschehen, eine Person, eine Figur nach oben blickt. Das Abgebildete wird auf diese Weise verzerrt dargestellt, die Proportionen haben sich verschoben, das Bild von Realität kann sich verfremden. Allerdings ist der Grad der Verfremdung bzw. Verzerrung stark vom Winkel der Perspektive abhängig. Eine leichte Untersicht wird oft gar nicht bemerkt, eine starke, extreme Froschperspektive dagegen macht durch die starke Verzerrung den Zuschauer auf die subjektive Darstellungsform aufmerksam.

Funktion: Die Froschperspektive kann – je nach inhaltlichem Kontext und anderen filmsprachlichen Komponenten von Einstellung bzw. Sequenz – unterschiedliche Funktionen erfüllen:
- Sie kann die gezeigte Person als übermächtig, unerreichbar hochstehend idolisieren.
- Sie kann – insbesondere in extremer Kameraposition – eine Person lächerlich machen, verspotten, karikieren.

– Sie kann eine Person bedrohlich, unheimlich wirken lassen.

Das gilt nicht nur für die Darstellung von Personen, sondern auch für die Zeichnung von Dingen. So kann ein Haus – meist wird die Einstellung noch semantisch durch entsprechendes Licht und Musik aufgeheizt – bedrohlich erscheinen.

An folgenden Beispielen sollen unterschiedliche Funktionsweisen der Froschperspektive veranschaulicht werden.

Beispiel 1: Der Schimmelreiter (1933)

Die beiden Einstellungen zeigen zwei Männer Nah bzw. Groß in deutlicher Untersicht. Es sind Einstellungen aus der Deicheinweihungssequenz des Schimmelreiter-Films von Oertel aus dem Jahre 1933. Hier hat die Froschperspektive im Kontext der Handlung einerseits die Aufgabe, die Obrigkeit (Oberdeichgraf als anerkannte Amtsperson) über das Volk zu stellen und ihn in seiner Autorität dem Zuschauer vorzuführen (diese Einstellung wird in der Sequenz mehrfach wiederholt), andererseits den Helden Hauke Haien als Führerfigur zu idolisieren. Sowohl die Körpersprache Hauke Haiens als auch der dazu montierte sprachliche Text („baut solche Deiche weiter hinaus – für euch und für unser Volk neue Erde, neuen Lebensraum zu schaffen") legen die Bedeutung der froschperspektivischen Darstellung fest. Es ist die Heroisierung einer Führerfigur, die in diesem Moment über die „Lebensraum"-Verknüpfung als Ahnherr einer zeitgenössischen Führerfigur (Adolf Hitler) dargestellt wird.

Beispiel 2: Der Untertan

In diesem Film wird besonders in der Eingangssequenz die Welt Diederich Heßlings in extremer Froschperspektive gezeigt: Ein Bild zeigt z. B. eine radikal subjektive Sicht des Kindes: Alle Personen seiner Welt erscheinen ihm übermächtig und bedrohlich. Mit der Wahl der extremen Froschperspektive verzerrt sich jedoch die Abbildung der Wirklichkeit so sehr, daß die karikierende Absicht des Regisseurs (in Anlehnung an den Autor der literarischen Vorlage Heinrich Mann) ganz deutlich wird. Der Lehrer z. B. ist nicht nur ein Tyrann aus der Sicht der Kinder, er soll so auch auf den Zuschauer wirken – aber weniger als bedrohlicher Pädagoge dieser Schulklasse als vielmehr als Zerrbild eines Lehrers der wilhelminischen Ära.

Beispiel 3: High Noon

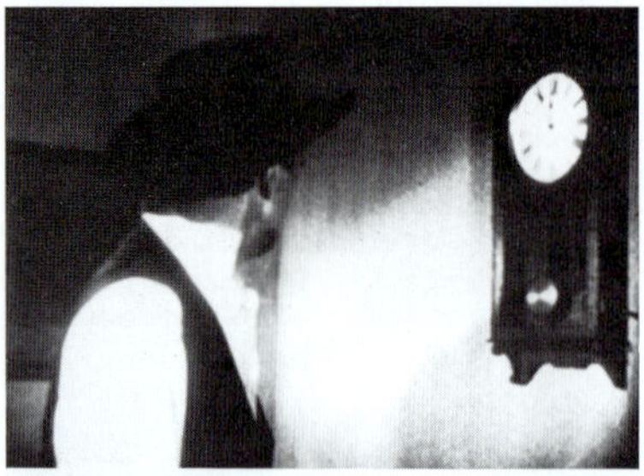

Hier ist ein Beispiel für eine weitere Funktion der froschperspektivischen Darstellung. In der Sequenz „Warten auf den Zug" spielt die sich zusammendrängende Zeit eine gewichtige Rolle. Immer wieder fällt Sheriff Kanes Blick auf die Uhr – und dieser Blick wird durch den Kamerablick auf die erhöht an der Wand hängende Uhr dem Zuschauer auch vermittelt. Die Untersicht ist hier also handlungsgemäß motiviert, dient so der realistischen Abbildung, ist aber zugleich ein filmsprachliches Mittel, die Identifikation des Zuschauers mit dem gegen die Zeit kämpfenden Sheriff Kane zu unterstützen.

Grundform III: Vogelperspektive (Aufsicht)

So wird der Kamerablick von oben aus einer erhöhten Position auf das Geschehen, eine Person, eine Figur nach unten bezeichnet. Das kann, wie schon bei der Froschperspektive, handlungsmäßig motiviert sein. Die handelnde Person befindet sich etwa auf einem Turm, im dritten Stock eines Hauses etc. und blickt nach unten. Der Blick der Kamera und der handelnden Person sind identisch, der Zuschauer sieht, was auch der Handelnde sieht – eben aus der Vogelperspektive.

Es kann aber auch als Instrument der Aussage, der Kommentierung der Handlung verwendet werden. Der erhöhten Position des Helden (in Froschperspektive gezeigt) wird für den Zuschauer die untergeordnete Position seines Gegenübers, seiner Zuhörer usw. gegenübergestellt – durch vogelperspektivische Darstellung.

Funktion: Entsprechend dem jeweiligen Darstellungsmodus hat diese Kameraperspektive unterschiedliche Funktionen. Sie kann dem Zuschauer die Identifikation mit einem Helden vermitteln, dem sich die übrige Welt aus einer erhöhten Position überlegen darstellt. Sie kann aber auch – z. B. im Wechselspiel mit froschperspektivischer Darstellung – einer realistischen Abbildung des Gezeigten dienen, in dem etwa die unterschiedliche Situation zweier Parteien über perspektivische Darstellung vermittelt wird.

Beispiel 1: Der Schimmelreiter (1933)

Es handelt sich wieder um ein Beispiel aus der Deicheinweihungssequenz des „Schimmelreiter".

E 17 zeigt in vogelperspektivischer Darstellung zuhörende Kinder. Sie bilden das Gegenstück zur erhöhten Darstellung des Oberdeichgrafen, der gerade eine Rede hält. Obrigkeit und Held werden in dieser Sequenz immer aus der Froschperspektive gezeigt. So wird eine Welt gebildet, die obrigkeitsorientiert nach dem Führerprinzip geordnet ist. Dieser Eindruck wird dem Zuschauer durch ständige Wiederholung dieses alternierenden Darstellungsmodus übermittelt.

Beispiel 2: Der Untertan

Hier wird in extremer Vogelperspektive, aber zugleich handlungsmäßig motiviert, der vor „seinem Kaiser" dienernde Untertan Diederich Heßling gezeigt. In anderen Sequenzen – etwa als Fabrikbesitzer gegenüber seinen Arbeitern – zeigt ihn die Kamera in starker Untersicht. Dieser Wechsel der beiden Extremperspektiven ist thematisch begründet: Dienen und Herrschen, Buckeln und Treten sind zwei Seiten der einen Medaille; hier ist der „autoritäre Charakter" (Adorno) des wilhelminischen Deutschlands filmisch charakterisiert.

2.3 Kamera- und Objektbewegungen

2.3.1 Kamerabewegungen

Im Film ist eigentlich immer Bewegung. Gelegentlich wird dieser Bewegungsreiz auch polemisch als „Augenkitzel"[6] charakterisiert. Man kann zwei Arten von Bewegungen unterscheiden. Die Bewegung der dargestellten Figuren und Gegenstände und die Bewegung der Kamera selbst. Beide Bewegungsarten hängen häufig miteinander zusammen: Wenn nämlich die Kamera den Bewegungen gezeigter Personen folgt durch Schwenk oder Fahrt.

1. Kamerabewegung: Die Kamera hat einen festen Stand, macht selber also keine Bewegung. Sie nimmt eine Figur oder einen Gegenstand aus einer bestimmten Perspektive auf, verändert auch nicht die Bildgröße.

2. Kamerabewegung: Eine Kamera macht einen Schwenk aus einer festen Position heraus mit einer Drehung in der Horizontalen. Die Kamera folgt quasi der Bewegung des Kopfes. Gewöhnlich erfolgt der Schwenk in einem natürlichen Bewegungstempo, so daß die Realismusillusion für den Zuschauer nicht gestört wird. Es gibt allerdings auch unnatürlich schnell durchgeführte Schwenks, sogenannte Reiß-Schwenks, bei denen man manchmal kaum die Differenz zum Schnitt erkennen kann.

3. Kamerabewegung: Die bedeutendste Kamerabewegung stellt die Fahrt dar, am ehesten mit einer Bewegung des ganzen Körpers vergleichbar. Die in den ersten Filmjahren noch sehr beschränkten Fahrtmöglichkeiten (Fahrt auf das Objekt zu oder von dem Objekt weg, am Objekt entlang) sind durch technische Weiterentwicklung wie den Atelierkran, den Einsatz von Kugelgelenken sowie die Kombinationsmöglichkeit von Fahrt und Schwenk stark erhöht worden: Die häufigsten Fahrten, wie sie aus unzähligen Filmen, besonders Actionfilmen, bekannt sind, sind

6 *Bernward Wember,* Wie informiert das Fernsehen? Ein Indizienbeweis. München 1976, S. 32.

Ranfahrt, Zufahrt, Rückfahrt, Parallelfahrt, Aufzugsfahrt, Verfolgungsfahrt.

4. Zoom: Beim Sonderfall „Zoom" handelt es sich nicht um eine wirkliche Kamerabewegung, sondern um eine Veränderung der Brennweite. Ein Objektiv mit beweglichem Linsensystem, das in sich Normal-, Weitwinkel- und Teleobjektiv vereinigt, ermöglicht den gleitenden Übergang von kurzen zu langen und von langen zu kurzen Brennweiten. Der gefilmte Gegenstand kommt näher oder rückt weiter weg, die Kamera selbst behält ihre feste Position. Für den Zuschauer erscheint der Zoom auf den ersten Blick als Fahrt. Bei genauerem Hinsehen und entsprechender Erfahrung läßt sich jedoch an dem verringerten Tiefenschärfenbereich sowie an den veränderten Dimensionen (Größenunterschiede der Gegenstände im Bildhintergrund, welche den Eindruck der Raumtiefe hervorrufen, sind geringer) erkennen, daß es sich um keine echte Fahrt mit Normalobjektiv handelt.

Auch in vielen Spielfilmen, insbesondere bei der Akzentuierung von Gefühlen, die sich auf dem Gesicht, in der Mimik einer Person spiegeln, wird der Zoom mit Erfolg eingesetzt. Kritisiert wird am Zoom insbesondere ein funktionsloser inflationärer Einsatz dieses Mittels: So z. B. von Bitomsky für den Spielfilm[7], von Wember für den Informationsfilm im Fernsehen.[8]

5. „Subjektive Kamera": Bei diesem Sonderfall der Kamerabewegung soll – meist mit einer beweglichen Handkamera – Unmittelbarkeit des Dabeiseins dem Rezipienten durch Kamerabewegung vermittelt werden. Im Rhythmus der Bewegung der die Kamera tragenden oder mit sich führenden Person werden die Bilder gezeigt. Ständig verwackelte Bilder, Unschärfen, hektische Reiß-Schwenks u. ä. erzeugen den Eindruck von Authentizität, vermitteln dem Zuschauer einen hohen Grad an Identifikation mit dem Geschehen.

7 *Hartmut Bitomsky*, Die Röte des Rots von Technicolor. Kinorealität und Produktionswirklichkeit. Neuwied und Darmstadt 1972, S. 12 f.

8 *Wember*, 1976, S. 28.

2.3.2 Objektbewegungen: Achsverhältnisse

Die Achsverhältnisse gehören zu den Elementen des Films, die der Zuschauer in der Regel kaum beachtet, die aber für die Lenkung der Wahrnehmung und damit für Rezeption und Wirkung von besonderer Bedeutung sind. Daher sollten sie in der Analyse so häufig wie möglich berücksichtigt werden.

Alle Bewegungen der im Film von der Kamera abgebildeten Objekte (Menschen, Tiere, Figuren) werden Objektbewegungen genannt. Zu diesen Bewegungen vor der Kamera gehören alle Aktionen wie gehen, fahren, fliegen, schießen, aber auch sprechen und blicken, schauen. Die Körpersprache signalisiert Art und Richtung der Bewegung. Diese Objektbewegungen liegen immer auf einer Achse. Am deutlichsten wird das, wenn zwei Menschen miteinander handeln: sich ansehen, miteinander sprechen, miteinander kämpfen, aufeinander zugehen usw. Daher heißt diese Achse der Objektbewegung auch *Handlungsachse*.

Da der Zuschauer nur das direkt wahrnehmen kann, was die Kamera ihm zeigt, und dabei auch auf die Perspektive der Kamera, auf deren Blickrichtung angewiesen ist, definiert man die Handlungsachse durch ihr Verhältnis zu Blickrichtung der Kamera, also zur Kameraachse. Es gibt also in jeder Einstellung eines Films eine Kamera- und eine Handlungsachse. Für die Analyse ist es sinnvoll, erst einmal zwei Grundformen zu unterscheiden, die durch die folgenden Grafiken veranschaulicht werden:

Grundform I

Die Handlung der beiden gezeigten Personen ist so abgebildet, daß die Handlungsachse sich rechtwinklig zur Kameraachse befindet. Der Zuschauer sieht also (auf der Kameraachse sozusagen) auf die beiden handelnden Personen als nicht beteiligter Dritter.

Funktion: In dieser Grundform der Achsverhältnisse ist die größtmögliche Distanz von Zuschauer und Handlung abgebildet. Der Zuschauer

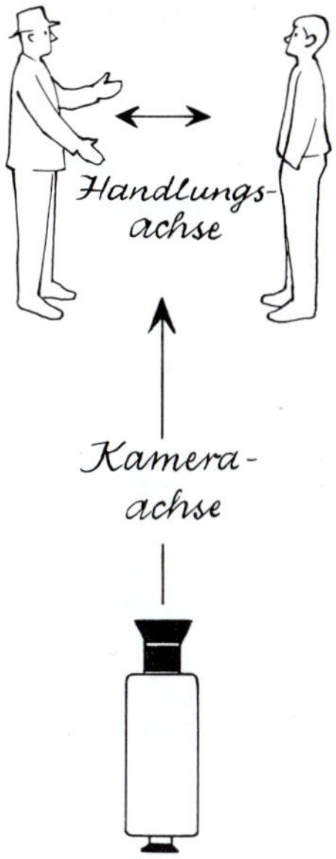

ist unbeteiligt, durch die Achsverhältnisse in die Rolle des Beobachters gedrängt, der distanziert und häufig ohne emotionale Anteilnahme das Geschehen beobachtet. Im konkreten Falle läßt sich die Funktion genauer, aber erst durch die Einbeziehung weiterer inhaltlicher und filmsprachlicher Aspekte bestimmen. An folgenden Beispielen läßt sich das veranschaulichen:

Beispiel 1: High Noon

Die Einstellung aus „High Noon" zeigt die beiden Protagonisten Sheriff Kane und seine frisch angetraute Frau Amy; diese versucht, ihren Mann zu überreden, vor der Ankunft eines gefährlichen Banditen mit ihr die Stadt zu verlassen.

Eine ganze Reihe von Einstellungen in dieser Gesprächssequenz zeigen Grundform I der Achsverhältnisse. Der Film legt offensichtlich keine der beiden Figuren als eindeutige Identifikationsfiguren für den Zuschauer fest. Der Rezipient wird nicht ständig emotional einbezogen, sondern immer wieder zum Beobachter der in dieser Phase im Ergebnis noch offenen Auseinandersetzung gemacht.

Beispiel 2: Das Dschungelbuch

Die Trickfilmhandlung zeigt in dieser Sequenz, wie die Hauptfigur Mogli, das Menschenjunge, der mit seinem Freund Balu, dem Bären, sorglos spielt, von den Affen geraubt wird. Ein Großteil der Einstellung in dieser Sequenz bevorzugt Grundform I der Achsverhältnisse. Ziel des Films ist Komikerzeugung, Belustigung des Zuschauers, nicht emotionale Teilnahme – und so werden ihm die konkreten Handlungen häufig als amüsiertem Beobachter regelrecht vorgeführt: Er kann die schnelle Folge der Bildhandlungen verfolgen, ohne daß er in der Beobachtung der Handlungen durch identifikationsfördernde Achsverhältnisse weiter aufgeregt wird. Die gezeigten Gewaltakte des Zeichentrickfilms bleiben so für den Zuschauer auf Distanz.

Grundform II

Die Handlung der beiden gezeigten Personen liegt auf derselben Achse wie die Blickrichtung der Kamera, beide Achsen sind also identisch oder verlaufen parallel zueinander. Der Zuschauer sieht also z. B. einen Mann auf sich zukommen, eine Frau scheinbar zu ihm sprechen usw. Aber es kann auch genau umgekehrt sein: Die Kamera „blickt" hinter einem Mann her, der – in Verlängerung der Kameraachse – z. B. wegläuft; die Kamera „blickt" auf eine Frau, die zu einem Mann, der in Verlängerung der Kameraachse hinter ihr steht, z. B. etwas sagt.

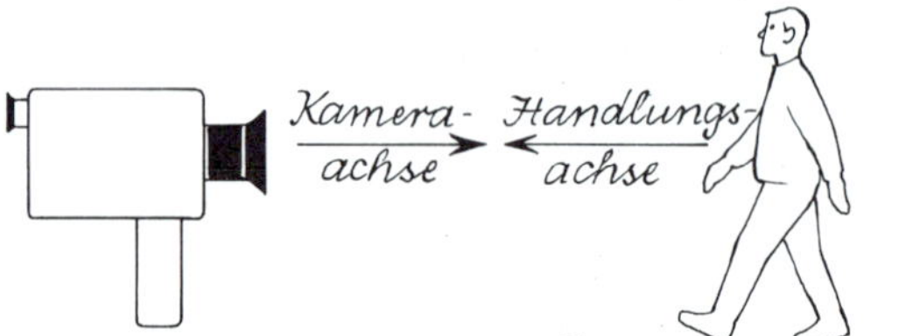

Funktion: In dieser Grundform II der Achsverhältnisse ist – zumindest theoretisch – die größtmögliche Einbeziehung des durch die Kamera und mit ihr auf das Geschehen blickenden Zuschauers erreicht. Im Fernsehen ist diese Grundform II *die* Standardposition bestimmter Sendeformen. Der Sprecher von Nachrichten z. B. handelt sprechend direkt auf der Kameraachse, spricht den Zuschauer direkt an, der stark angeregt wird, hinzusehen und hinzuhören; dasselbe gilt für Moderatoren von Magazinsendungen oder etwa für Reporter. Im letzteren Fall ergibt sich häufig eine Variante der Grundform: Der von hinten im Anschnitt gezeigte, in der Kameraachse handelnde Moderator nimmt (sozusagen als Verlängerung des Zuschauers) den Bericht des frontal auf einem Monitor erscheinenden Reporters entgegen; auch hier wird das Hereinziehen des Zuschauers in die Reportage durch die Achsverhältnisse sehr gefördert.

Im Film wird die Grundform II gerade in emotional aufregenden Sequenzen häufig zur Intensivierung von emotionaler Rezeption genutzt.

Beispiel 1: High Noon

Wir greifen noch einmal die schon erwähnte Gesprächssequenz aus „High Noon" auf. Die Einstellung beendet diese Sequenz, das Gespräch ist nun entschieden: Kane bleibt in der Stadt, Amy reist ab. Der Zuschauer sieht mit Kane auf die abfahrende Amy: Die Handlungsachse liegt fast parallel zur Kameraachse. Der Zuschauer bleibt jetzt – auch emotional, identifikatorisch – bei Kane, nimmt Anteil an seinem weiteren Schicksal.

Beispiel 2: Vorstadtkrokodile

Dieses Beispiel aus Wolfgang Beckers „Vorstadtkrokodile“ (nach dem Roman von Max von der Grün) thematisiert das Achsproblem geradezu. Während die erste Einstellung zeigt, wie die Krokodilerbande in ihrem Versteck mit Fernglas die Einbrecher beobachtet – Handlungsachse liegt fast, aber nicht ganz auf der Kameraachse –, zeigt die zweite Einstellung, was die Jugendlichen (und damit auch die Zuschauer) durch das Fernrohr – und zugleich auf der Kameraachse – sehen: Einer der Einbrecher kommt direkt auf die Beobachter zu. Durch diesen Einsatz von Grundform II der Achsverhältnisse wird der Zuschauer direkt in das Geschehen einbezogen, kann und soll sich in die aufregende Situation der Krokodilerbande hineinversetzen.

Achsensprung

In Spielfilmen, aber auch in Dokumentationen, Interviews, Berichten u. ä. kommt bei der Darstellung von Gesprächen sehr häufig ein Achsensprung vor: Der Zuschauer sieht mit dem Zuhörenden gemeinsam auf den Sprechenden, plötzlich sind die Seiten vertauscht, der Zuschauer kann mit dem Sprechenden die Reaktion beim Zuhörenden beobachten – die Handlungsachse wurde „übersprungen“. Das kann bei der Darstellung eines Gesprächs mehrfach passieren, das filmische Gestaltungsmittel nennt man auch Schuß-Gegenschuß-Verfahren. Die Wirkung dieser filmischen Gestaltung hängt von der Art der Präsentation *und* vom inhaltlichen Kontext ab. Dadurch kann, was häufig auch angestrebt wird, der Zuschauer suggestiv in das Geschehen einbezogen, seine emotionale Teilnahme stark gefördert werden. Die sehr rasche Schuß-Gegenschuß-Montage kann allerdings auch als spannungsförderndes Stilmittel eingesetzt werden. Beispiele für die Kombination der beiden Funktionen – emotionale Einbeziehung des Zuschauers und zugleich Spannungsförderung – finden sich gleich mehrfach in Volker Schlöndorffs „Die verlorene Ehre der Katharina Blum“. Die Vernehmungssequenzen etwa sind durch diese Schuß-Gegenschuß-Technik charakterisiert. Wenn in Sequenz 34[9] Kommissar Beizmenne Katharina zum dritten Mal vernimmt, trägt das Schuß-Gegenschuß-Verfahren filmsprachlich dazu bei, daß sich der Zuschauer „in die Mitte“ genommen fühlt, mit erhöhter Spannung das Duell der beiden Egos mitempfindet, durch die Parteilichkeit der Erzählhaltung sich mit Katharina zusammen auf der Anklagebank sitzen sieht.

Bei Faßbinders „Fontane Effi Briest“ – um ein anderes Beispiel zu nennen – wird das filmsprachliche Instrument subtiler eingesetzt, bewußt als Mittel des visuellen Zeichensystems zum sprachlich-akustischen in spannungsreiche Beziehung gesetzt. In Sequenz 33[10] wird die sich anbahnende Beziehung Effis mit Crampas filmsprachlich kommentiert: Dem im Rahmen der Konvention sich bewegenden Dialog wird durch Schuß-Gegenschuß-Montagen eine quasi heimliche Beziehungsebene hinzugefügt, die ein schon wesentlich vertrauteres, intimeres Verhältnis der beiden weniger beschreibt als andeutend antizipiert.

2.4 Beleuchtung

Unter den vielen Codes, welche die Bildkomposition eines Films ausmachen, soll die Beleuchtung etwas genauer dargestellt werden. Für den deutschen expressionistischen Film der 20er Jahre war die Beleuchtung eines der wichtigsten Hilfs-

9 Die Sequenznumerierung bezieht sich auf die in „Film und Literatur“, Bd. 1, (Diesterweg) abgedruckte Sequenzliste.
10 Vgl. Sequenzliste in „Film und Literatur“, Bd. 2.

mittel, um mit Licht und Schatten expressive, dramatische Bilder zu gestalten, Stimmungen auszudrücken usw. Der krasse Gegensatz dazu ist der sogenannte Hollywoodstil, der auf natürlichen Eindruck ausgerichtet ist. Er erreicht diesen – und damit einen suggestiven Eindruck von Realismus im Film – durch ein ausgewogenes Verhältnis von Grund-/Füllicht (die gesamte Szene mit allen dunklen Teilen wird aufgehellt) und Führungslicht (die Hauptbeleuchtungsquelle, welche die Akteure beleuchtet und damit die Aufmerksamkeit darauf zentriert). Diese Beleuchtungsverhältnisse ließen sich meist nur im Studio herstellen, und so ist es nicht verwunderlich, daß vor allem das realistische Fernsehspiel eine Tendenz zu einem ähnlichen Beleuchtungskonzept entwickelt hat. Monaco[11] hat die Kamera- und Lichtquellenanordnung in einer Grafik anschaulich dargestellt (Abb. 5).

Abb. 5: Führungslicht und Füllicht

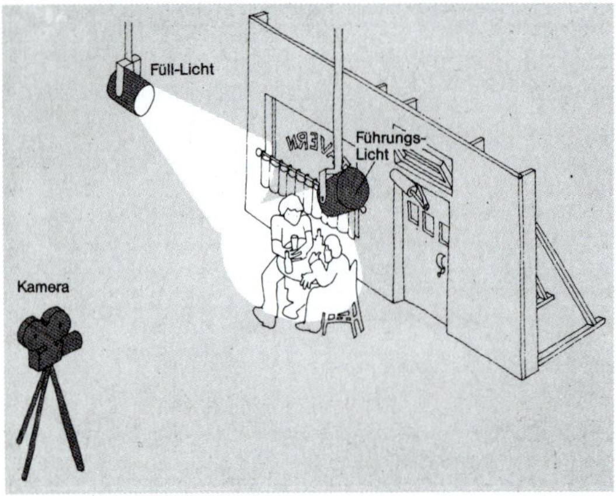

Häufig verwendete Begriffe sind in diesem Zusammenhang Low-key-Stil und High-key-Stil. Der Low-key-Stil läßt sich etwa so beschreiben: Bei der Darstellung einer Szene herrschen große Schattenpartien vor, starke Kontraste werden aber vermieden, das Gesicht der herausgehobenen Darsteller ist normal ausgeleuchtet. Es ist ein Beleuchtungsstil, der sich besonders für psychologische Studien eignet oder immer dann verwendet wird, wenn geheimnisvolle Vorgänge dargestellt werden sollen.

Das Gegenstück bildet der High-key-Stil, der helle Tonwerte bevorzugt, sehr weiche Zeichnungen hervorbringt und eine freundliche Grundstimmung ausdrückt, die Glücklichsein, Hoffnung und ähnlich positive Werte vermitteln soll.[12]

Zu warnen ist jedoch, wie bei allen filmsprachlichen Elementen, vor einer starren Semantik. Der vermittelte Sinn einer Einstellung hängt immer von einem – auch stark inhaltlich bestimmten – Ensemble verschiedener Mittel ab, bedarf also in jedem Einzelfall der interpretativen, die einzelnen Elemente gewichtenden Bestimmung.

2.5 Mise en scène

Der Begriff ist ein filmkritischer Ausdruck für die bildkompositorische Inszenierung eines Films, für die räumliche Anordnung der Figuren und Dinge im Bild – im Gegensatz zur zeitlichen Anordnung der Bilder durch Montage. Im weiteren Sinne kann Mise en scène heißen: Schauspielerführung, Lichtgestaltung, Kameraführung u.a.m.[13]

Wie die Elemente der Bildkomposition für die Organisation der Wahrnehmung wirksam sind und Bedeutung aufbauen, muß bei der Diskussion des jeweiligen Filmausschnitts unter Einbeziehung des Inhalts analysiert werden. Mit Hilfe dieser Kategorie soll auf die häufig komplizierte Codierung eines Bildes aufmerksam gemacht werden, die durch Fixierung des Rezipienten auf die Handlung von diesem oft gar nicht bemerkt wird, dennoch wirkungsrelevant ist. Eine Schulung des Sehens ist notwendig, um die Bildkomposition und die dabei benutzten Codes entschlüsseln zu können. Zu diesen filmischen Codes gehören viele der hier schon genauer

11 Aus: *Monaco,* 1980, S. 180.

12 *Kandorfer,* 1978, hat das genauer ausgeführt und mit Filmbildern belegt (S. 280ff.); viele Beispiele auch bei *Monaco,* 1980, S. 180ff.

13 Dazu: *Monaco,* 1980, S. 399f.

besprochenen Elemente wie Perspektive, Bildausschnitt, Achsverhältnisse, Kameraführung, Beleuchtung, Farben, aber auch offene und geschlossene Form, von denen noch zu reden sein wird.[14]

Wie viele der filmanalytischen Begriffe hat auch dieser zwei unterschiedliche Verwendungszusammenhänge. Zum einen – so ist er hier zuerst vorgestellt worden – ist Mise en scène eine deskriptive Kategorie zur möglichst genauen Beschreibung der Bildkomposition. Zum andern – und darauf kann in diesem Rahmen nur verwiesen werden – ist es ein filmhistorischer Begriff: Er wird dem Realismus zugeordnet, wie der Begriff Montage – entsprechend seiner Bedeutung für den expressionistischen Film – dem Expressionismus zugeordnet wird.[15]

Offene und geschlossene Form

Wir bleiben hier bei seiner deskriptiven Funktion. Häufig gebrauchte Kategorien in diesem Zusammenhang sind „offene" und „geschlossene Form". Dabei spielen die Grenzen des Bildes sowie der Bildausschnitt (Bildkader) eine entscheidende Rolle. Eine offene Form liegt vor, wenn der gezeigte Wirklichkeitsausschnitt so gewählt ist, daß der Zuschauer den Raum außerhalb des Bildes automatisch vor seinem inneren Auge mitsieht und ergänzt. Eine Figur verläßt die Mitte eines Raums, tritt ans Fenster, die Kamera folgt ihrem Blick hinaus – der Zuschauer jedoch hat den Raum hinter ihr im Bewußtsein: eine typische offene Form.

Eine geschlossene Form liegt dann vor, wenn alle wichtigen, zum gezeigten Wirklichkeitsausschnitt gehörenden Teile im Bild zu sehen sind. Der Hollywoodstil der 30er und 40er Jahre war in der Regel durch eine strenge geschlossene Form bestimmt: Das gezeigte Objekt mußte sich sogar möglichst immer in der Mitte des Bildes befinden.

14 Vgl. *Monaco,* 1980, S. 164ff.
15 Dies wurde vor allem von dem bedeutenden französischen Filmkritiker und -theoretiker André Bazin herausgestellt. Vgl. *André Bazin,* Was ist Kino? Bausteine zu einer Theorie des Films. Köln 1975, passim.

Bilddimensionen

Bei dem vom Medium vorgegebenen Tempo der Rezeption wird dem Zuschauer nur selten bewußt, daß der Film wie die Bildende Kunst das Bild dreidimensional gestaltet. Monacos Grafik[16] (Abb. 6) veranschaulicht die drei Dimensionen Bildebene, Geografie des Raumes und den Bereich der Tiefenwahrnehmung. Was hier künstlich in drei Dimensionen zerlegt ist, erscheint dem Auge des Betrachters natürlich als Einheit.

Abb. 6: Die drei Kompositionsebenen

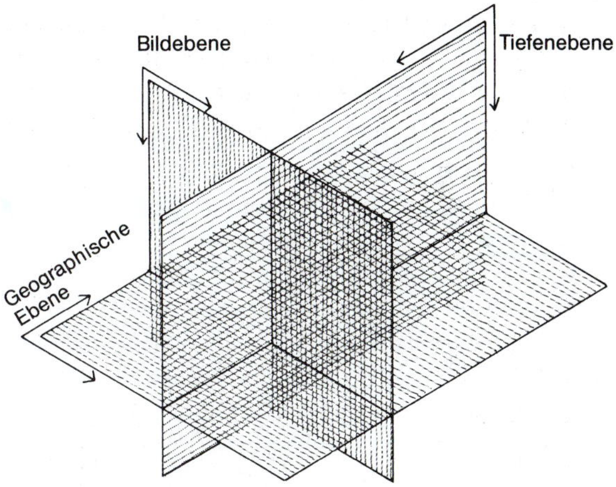

Filmsprachlich sehr bewußt arbeitende Regisseure wie R. W. Faßbinder verwenden auf die Inszenierung auch der einzelnen Einstellung, auf die Mise en scène, viel Mühe. „Fontane Effi Briest" ist voll von Beispielen, bei denen über sorgfältig mehrdimensional angeordnete Bildkompositionen Wahrnehmung organisiert und Bedeutung aufgebaut wird. Ein Beispiel mag für viele stehen: Im zweiten Teil der Sequenz 23[17] wird ein Gespräch Instettens mit Effi gezeigt, in dem er sie wegen ihrer Ängste tadelt. Effis psychologische Situation wird, während der Landrat redet, durch ihre Körpersprache (sie wird nah von hinten gezeigt, wie sie aus dem Fenster in die Nacht hinausschaut) und durch die neben ihrem Kopf

16 Aus: *Monaco,* 1980, S. 174.
17 Vgl. Sequenzplan in „Film und Literatur", Bd. 2.

befindliche Skulptur abgebildet, die quasi zum Mitspieler dieser Kommunikationssituation gemacht wird: Die Figur hat bittend die Hände gefaltet.

Die Form ist offen, der hinter dem Fenster liegende Raum, die nächtliche Weite ist dem Zuschauer präsent; zugleich liegt hier die Tiefendimension des Bildes, inhaltlich auf die Situation bezogen: Effis Gedanken und Gefühle haben den gezeigten Raum verlassen, verlieren sich in einer unbestimmten Ferne.

2.6 Wort-Bild-Ton-Beziehungen

Ein Wesensmerkmal der audiovisuellen Textsorte Film besteht in dem Zusammenspiel der drei unterschiedlichen Zeichensysteme Bild, Sprache und Ton, die in der Filmrezeption als Einheit erlebt werden und zum Teil in komplizierten Beziehungen zueinander stehen. Ganz deutlich sichtbar und so auch der Analyse zugänglich, wird die filmische Zeichenstruktur im gegliederten Filmprotokoll bzw. in der Transkription einer Einstellung bzw. Sequenz (vgl. Kapitel 4, S. 54).

2.6.1 Sprache und Ton

Die erste grundlegende Unterscheidung in der Verwendung der akustischen Zeichen besteht zwischen On- und Off-Ton:

On (the screen) heißt: Die Tonquelle (das kann eine Person, eine Zeichentrickfigur, ein Auto, ein Radio etc. sein) ist im Bild gleichzeitig sichtbar.

Off (the screen) heißt: Die Tonquelle ist nicht sichtbar, wobei noch einmal zu unterscheiden ist, ob die Quelle auf der Bildebene überhaupt vorkommt, nur zeitweise nicht zu sehen ist oder ob diese eine Zutat der Regie darstellt (wie meist bei der Filmmusik).

So einfach diese Unterscheidung als beschreibendes Merkmal ist, so wichtig ist sie für die Bedeutung des Dargestellten und die Wahrnehmungslenkung des Rezipienten.

2.6.2 Grundsätzliches zu Bild-Ton-Verknüpfungen

Eine der anschaulichsten Hypothesen zur „Dynamik der Bild-Wort-Beziehungen in den optisch-akustischen Massenmedien“ findet sich bei Paul Heymann schon 1963. Dabei begrenzt Heymann zwar seine Beobachtungen auf die Beziehungen von Sprache und Bild, viele seiner Einsichten umfassen jedoch den gesamten Tonbereich. Die Filmsprache entsteht nach Heymanns Auffassung

> „durch eine äußerst komplizierte Interferenz zweier im Grunde heterogener Zeichensysteme. Das eine von beiden ist ein *optisches Zeichensystem* und besteht aus sehr dynamischen Bildreihen, die einen kontinuierlichen *Bilderfluß* ergeben. Das andere ist akustisch-verbal sprachlicher Natur und besteht aus mehr oder weniger zusammenhängenden *Wortketten*.
>
> Beide interferieren so, daß sie eine homogen anmutende, verstehbare Textur ergeben [...] Ihr Ineinander-Verwobensein, das hier als Interferenz definiert wurde, ist am Beispiel textiler Webvorgänge strukturell am ehesten begreiflich zu machen. In beiden Fällen geht es um ein Ineinanderwirken von ‚Kette‘ und ‚Schuß‘, wobei offen bleiben muß, welches Zeichensystem die Ketten- oder Schußfunktion übernimmt. Der Bilderfluß oder der (diskontinuierliche) Wortstrom. Das Produkt ist in jedem Falle jener von Bildschirm und Leinwand her bekannte *Ton-Bild-Teppich,* der als Einheit erlebt und als integrierte Aussage verstanden wird.“[18]

Es hat schon vor Heymanns Interpretation zahlreiche Versuche gegeben, die möglichen Wort-Bild-Beziehungen in einer Systematik abzubilden. Der Filmtheoretiker Siegfried Kracauer hat in seiner „Theorie des Films“ (zuerst 1960) in einer Grafik „Die vier Typen der Synchronisierung“ von Bild und Ton dargestellt.[19]

Dabei entspricht die erste Ebene der Unterscheidung „Synchronismus/Asynchronismus“ der On/Off-Unterscheidung. Doch Kracauers Begrifflichkeit impliziert nicht nur den räumlichen Aspekt (Quelle sichtbar/unsichtbar), sondern sie hat auch eine funktionale Komponente. Wir fol-

18 *Paul Heymann,* Zur Dynamik der Bild-Wort-Beziehungen in den optisch-akustischen Medien. In: *Robert Heiß* et al. (Hrsg.), Bild und Begriff. München 1963, S. 71–113, hier S. 74f.

19 *Siegfried Kracauer,* Theorie des Films. Frankfurt/M. 1975, S. 161.

	Synchronismus	Asynchronismus
Parallelismus	*Aktueller Ton I*	*Aktueller Ton III a*
		Kommentierender Ton III b
Kontrapunkt	*II*	*Aktueller Ton IV a*
		Kommentierender Ton IV b

gen hier Kracauers starrer Filmtheorie (Beharren auf Dominanz des Bildes) und der daraus abgeleiteten Wertung der verschiedenen Typen nicht, nutzen aber die klare formale Struktur des Beschreibungsmodells. Die Klärung der Frage, welches Zeichensystem im Film dominant ist, läßt sich m. E. nicht generell klären, sondern ist analytisch aus dem jeweiligen Kontext der einzelnen Einstellungen, der Sequenz, des Films individuell zu ermitteln.

Typ I

Parallel-synchroner Ton heißt: Wir sehen die natürliche Quelle des Tons, den „aktuellen Ton", Sprache und Bild sind Träger paralleler Bedeutungen. Kracauer – immer auf der Basis seiner Grundprämisse, die vom Vorrang des Bildes im Film ausgeht – wertet diesen gebräuchlichen Typus von Verknüpfung als weitgehend redundant ab, weil beide Zeichenträger dieselbe Bedeutung transportierten. Dagegen ist aber festzuhalten, daß auch durch synchron-parallele On-Verknüpfungen erhebliche Veränderungen der Wahrnehmung gegenüber Off-Tönen bewirkt werden können. Die Sympathie- und Antipathie-Wirkung kann so intensiviert, das Pathos von Reden relativiert, Gefühlsäußerungen können verstärkt werden u.a.m.

Typ II

Kontrapunktisch-synchroner Ton heißt: Bild und Ton drücken etwas Verschiedenes aus, haben eine unterschiedliche Semantik.

Künstlerisch ambitionierte Filme nutzen die Möglichkeit dieses Ton-Bild-Typs häufig. Man sieht und hört jemand etwa sein Mitgefühl äußern, aber das dabei Groß gezeigte Gesicht widerlegt seine Teilnahme, entlarvt seine Reden als Heuchelei. Die Bedeutung der Einstellung ergibt sich hier aus dem Zusammenspiel von synchronem Ton und kontrapunktisch eingesetztem Bild.

Typ III

Dieser Typ wird nach Kracauer grundsätzlich durch Off-Ton bei gleichzeitigem Parallelismus auf der semantischen Ebene bestimmt. Dabei macht Kracauer eine für die Filmanalyse wichtige Unterscheidung:

Typ III a wird zusätzlich durch die Begriffe „Aktueller Ton" aus dem Off definiert: Gemeint sind jene üblichen filmsprachlichen Verfahren, die z. B. bei der Darstellung von zwei Personen nicht den gerade Sprechenden, sondern den Zuhörenden zeigt. Die Quelle des Tons gehört also „faktisch oder virtuell zu der auf der Leinwand gezeigten Welt"[20]. Das gilt ebenso etwa für Szenen im Krimi: Man hört aus dem Off das Knarren einer Tür (die man vorher noch gerade gesehen hat), beobachtet aber im Bild jetzt das erschreckte Gesicht eines möglichen Opfers.

Typ III b (asynchronischer, kommentierender Ton/Parallelismus) ist zeichentheoretisch ganz anders strukturiert: Man sieht – um beim Krimi zu bleiben – das in die Dunkelheit lauschende Gesicht des Verfolgten, hört dazu aus dem Off (asynchron) dissonante Gitarrenklänge, drohendes Trommeln. Oder um ein anderes Beispiel aus dem Informationsbereich zu nehmen: Man hört einen nie im Bild erscheinenden Off-Kommentar zu den gezeigten dokumentarischen Bildern.

20 *Kracauer,* 1975, S. 159.

Typ IV

Interessanter für die filmsprachliche Analyse ist Typ IV. Wieder unterscheidet Kracauer den aktuellen und kommentierenden Ton aus dem Off bei kontrapunktischer Ton-Bild-Beziehung.

Typ IV a: Aktueller Ton, d. h. die Tonquelle gehört zur dargestellten filmischen Welt, ist aber, zumindest zeitweise, nicht sichtbar; gleichzeitig gibt es eine Differenz von Ton und Bild auf der semantischen Ebene. Man sieht z. B. eine Person eine Straße entlang gehen und hört deren Stimme aus dem Off, die eine Geschichte erzählt.

Typ IV b (kommentierender Ton) kommt häufiger vor. Kracauer beschreibt die Wirkungsmöglichkeiten dieses Typs am Beispiel der Elsie-Episode aus Fritz Langs Spielfilm „M" (1931).

Faßbinder nutzt diesen Typus ebenfalls gelegentlich. So hört man in „Fontane Effi Briest" aus dem Off die Romanbeschreibung einer Szene, während die Filmszene schon weiter vorangekommen ist (Sequenz 5) oder man hört Innstetten und Wüllersdorf in Sequenz 64 noch über Möglichkeiten sprechen, das Duell nicht stattfinden zu lassen, während das Bild in einer Montage Wüllersdorf bereits auf dem Wege nach Kessin zeigt, die Duellforderung zu überbringen[21].

Es hat noch häufiger Versuche gegeben, eine Systematik der Ton-Bild-Beziehungen zu entwikkeln, so etwa bei Kuchenbuch[22] oder bei Reinhold Rauh[23]. Auf Kracauers Systematik aufbauend fächert Rauh dessen Kategorien weiter auf und berücksichtigt dabei die Aspekte Syntax, Semantik und Pragmatik.

2.6.3 Einheit von Wort und Bild oder Wort-Bild-Schere?

Der Ton-Bild-Teppich, so wurde oben schon gesagt, wird in der Regel vom Zuschauer als Einheit erlebt und als integrierte Aussage verstanden. Hier liegt zugleich einer der Gründe für die starke Realitätsanmutung von audiovisuellen Texten. Die so beim Zuschauer erzeugte Realismusillusion kann manipulativ mißbraucht, aber auch sinnstiftend, interpretatorisch eingesetzt werden. Heymann spricht in diesem Zusammenhang von der Interferenz der beiden Zeichensysteme und nennt mit diesem Begriff aus der Physik zugleich auch zwei Möglichkeiten der Wort-Bild-Beziehungen: Auslöschung und Verstärkung.[24]

Bernward Wember hat – wenn auch im Zusammenhang und am Beispiel von Fernsehinformation – insbesondere auf die Gefahren eines Auseinanderklaffens von Bild- und Sprachinformationen durch Entstehen einer sogenannten Wort-Bild-Schere hingewiesen, die es dem Zuschauer unmöglich mache, beide Zeichensysteme gleichermaßen angemessen zu rezipieren.[25] Auf den Spielfilm übertragen könnte das heißen: Immer dort, wo die beiden Zeichensysteme eigene komplexe Aussagen „formulieren", jede für sich eigene Zusammenhänge thematisieren, kann es auch hier zu einer Wort-Bild-Schere kommen. Am Beispiel von Faßbinders „Fontane Effi Briest" läßt sich das demonstrieren. Wenn Faßbinder etwa in der sechsten Sequenz zum Portraitfoto von Effi Fontanes Textpassagen, die sie näher charakterisieren, aus dem Off montiert, so ist das im Sinne Wembers eine sinnvolle Kombination, eine geschlossene Schere. Die Aufmerksamkeit des Zuschauers kann sich ganz auf den differenzierten sprachlichen Text konzentrieren. Das kommt in Faßbinders Verfilmung häufiger vor. So werden ausführliche Textzitate des Off-Erzählers mit ruhigen Bildern (überwiegend Spaziergänge) verbunden.

Gelegentlich (so etwa in der fünften Sequenz, noch deutlicher in der wichtigen 68. Sequenz mit dem Gespräch zwischen Innstetten und Wüllersdorf) entwickeln beide Zeichenebenen Eigenbedeutungen, die jedoch dialektisch aufeinander bezogen sind und wodurch gerade das Kunstvolle der Inszenierung entsteht. Die Wort-Bild-Schere

21 Vgl. Sequenzplan in „Film und Literatur", Bd. 2.
22 *Kuchenbuch,* 1978, S. 53–59.
23 *Reinhold Rauh,* Sprache im Film. Die Kombination von Wort und Bild im Spielfilm. Münster 1987, passim.

24 *Heymann,* 1963, S. 102.
25 *Wember,* 1976, S. 43ff.

klafft, wie schon oben beschrieben, auseinander. Der Zuschauer folgt dem sprachlichen Diskurs, sieht aber bereits dessen Ergebnis auf der Bildebene. Nach Wembers Modell ein negativ zu bewertendes Auseinanderklaffen der Wort-Bild-Schere. Diese Wort-Bild-Struktur stellt offensichtlich sehr hohe Anforderungen an die Aufmerksamkeit des Rezipienten, aber sie macht auch Sinn, sie formuliert im vorliegenden Fall durch ihr Arrangement die Zwanghaftigkeit des Handelns im Sinne eines erstarrten preußischen Ehrenkodex.

2.6.4 Musik

Neben der Sprache ist die Musik das wichtigste Element des Zeichensystems „Ton". Zwar hat sie nicht mehr die große Bedeutung wie zu Zeiten des Stummfilms, wo sie in vielen Fällen nicht nur eine die Bilder verstärkende, sondern auch diese interpretierende und kommentierende Funktion hatte. Für die Bestimmung der Funktionen der Musik im Film gelten ebenfalls die oben dargelegten „Typen der Synchronisierung", aber schon Kracauer sah die Notwendigkeit, über die formale Beschreibung der Beziehungen zum Bild hinaus in einem eigenen Kapitel die „ästhetischen Aspekte von Filmmusik"[26] eingehender zu beschreiben.

In neuerer Zeit hat Gabriele Brößke die Ergebnisse verschiedenster Analysen und Monografien zur Filmmusik in einem Funktionskatalog zusammengefaßt:

- „Musik illustriert bzw. kommentiert den Handlungsablauf des Films und die Gefühle seiner Hauptfiguren, dies schließt mögliche *Kontrapunktierung* und *Leitmotivik* ein.
- Musik etabliert Raum und Zeit des Films.
- Musik emotionalisiert die Rezipienten des Films.
- Musik strukturiert den Film, verdeutlicht Zäsuren bzw. Kontinuität in der Handlung.
- Musik dient – insbesondere als Titellied – der Filmwerbung und Kanonisierung."[27]

Sie hat gleichzeitig jedoch zu Recht darauf hingewiesen, daß nur eine Analyse aller Zeichensysteme des Films auch die jeweilige Funktion von Filmmusik im Einzelfall bestimmen kann. Eine wichtige Prämisse zur Bestimmung von Musik im Film ist das in der wissenschaftlichen Literatur weitgehend gesicherte Theorem,

> „daß Musik zwar eine analysierbare syntaktische Struktur besitzt, man ihr aber keine semantische Struktur zuordnen kann. [...] Rein musikalische Bedeutungsgehalte, die unzweideutig verstehbare Mitteilungen und somit die eigentlichen Analoga zu den semantischen Bedeutungsgehalten der Wörter bilden würden, sind der Musik nicht immanent. Und was Sprache umgekehrt grundsätzlich von Musik unterscheidet, ist semantische Eindeutigkeit." Es gibt einige konventionalisierte Musikbedeutungen: „Dazu gehören beispielsweise Tonsignale, Spiegelungen von Bewegungsvorgängen in der Musik oder die in einer langen imitativen Tradition von der Musik entwickelten deskriptiven Zeichen für Geräusche."[28]

Im Tonfilm bis heute dominant ist ein in der Regel asynchroner (gelegentlich auch synchroner) Parallelismus, in der Literatur häufig als „Hollywood-Ton-Stil" beschrieben.[29] Dabei haben sich musikalische Codes gebildet (als Filmzeichenkonvention), die durchaus schon eine eigene – eigentlich sekundäre – Semantik entwickelten. Sie sind aber zum Klischee erstarrt, sind die ständige Wiederholung einer zum Stereotyp gewordenen Begleitmusik zu Liebes- und Abschiedsszenen, zu Verfolgungsjagden und Krimi-Spannungsmomenten. Adorno und Eisler haben in einer ideologiekritischen Studie diese von Hollywood praktizierte Reduktion der Musik auf wenige wiederholbare Klischees kritisiert, die auf „Vernebelung" und ideologische Ausrichtung zielten.[30]

2.6.5 Geräusche

In der Filmtheorie wird den Geräuschen im Film eine große Bedeutung beigemessen. Kracauer widmet ihnen ein eigenes Kapitel.[31]

26 *Kracauer,* 1975, S. 185–213.
27 *Gabriele Brößke,* "... a language we all understand". Zur Analyse und Funktion von Filmmusik. In: *Ludwig Bauer* et al., Strategien der Filmanalyse. München 1987, S. 11.
28 a.a.O., S. 12f.
29 *Monaco,* 1980, S. 201.
30 *Theodor W. Adorno/Hans Eisler,* Komposition für den Film. Frankfurt/M. 1976, S. 30.
31 *Kracauer,* 1975, S. 173–183.

„Es ist die Allgegenwart des Tons, die seine attraktivste Qualität ist. Er bewirkt den Aufbau von Raum wie Zeit. Er ist wesentlich für das Schaffen eines Schauplatzes [...] Der Ton aktualisiert auch die Zeit. Ein tonloses Bild wird lebendig, wenn ein Soundtrack hinzugefügt wird, der eine Vorstellung vom Ablauf der Zeit hervorrufen kann.“[32]

Für die Beziehungen der Geräusche zum Bild gelten die Beobachtungen, die oben in Anlehnung an Kracauer zur Ton-Bild-Verknüpfung angestellt wurden.

In der Regel dienen Geräusche der Intensivierung der Realismusillusion des Films. Man hört das Heulen des Sturms, dessen Auswirkungen auf Bäume, Fenstervorhänge und Menschen das Bild zeigt; man hört das Knarren der Tür, auf das auch die ängstlich lauschende Person im Bild ihre angstvolle Aufmerksamkeit richtet, usw. Sehr häufig werden die Geräusche im Studio synthetisch beigemischt. Wenn Originalton – der sogenannte O-Ton oder Direct-sound – direkt bei den Dreharbeiten aufgenommen wird, soll er meist besonders authentisch wirken. Im Spielfilm müssen im O-Ton aufgenommene Dialoge häufig im Studio nachsynchronisiert werden. Wenn das nicht der Fall ist – wie etwa in dem Jugendfilm „Die Kinder aus Nr. 67“ – erreicht man zwar einen Eindruck größerer Authentizität, aber baut auch zugleich Verstehensschwierigkeiten auf.

2.7 Denotation und Konnotation

Nahezu jeder Versuch, die Filmsprache systematisch zu gliedern und präzise zu beschreiben, bedient sich sprachwissenschaftlicher, häufig auch semiotischer Begriffe, was sicherlich mit den Parallelen, Überschneidungen und Entsprechungen von Bild- und Wortsprache zu tun hat. Zwar wird es meist abgelehnt, von einer Filmgrammatik[33] zu sprechen, aber die Beschäftigung mit der „Syntax des Films“ nimmt breiten Raum ein, weil hier die systematische Anordnung der Filmteile, ihr Aufbau, ihre Verknüpfung beschrieben werden können.

Aber so häufig auch linguistische Kategorien in die Filmanalyse einfließen – bei genauerer Betrachtung wird schnell deutlich, daß der Film „keine Sprache“, aber „wie eine Sprache“ (Monaco) ist, so daß zwar linguistische Annäherungen häufig sinnvoll sind, aber die Anwendung streng linguistischer Konzepte (sowie streng rethorischer Methoden) führt schon bald nicht weiter. Daher wurde in den 60er Jahren ein allgemeiner zeichentheoretischer, semiotischer Ansatz herangezogen, der die einzelnen „Sprachen“ (Sprache, Film usw.) als Kommunikationssysteme begreift, die strukturelle Übereinstimmungen, aber auch Differenzen zeigen. Von hier aus läßt sich die Filmsprache dann auch sinnvoll in die Bereiche „Zeichen“ und „Syntax“ gliedern.[34]

2.7.1 Denotation

Spätestens seit dem Aufsatz „Probleme der Denotation im Spielfilm“ des französischen Filmtheoretikers Christian Metz[35] ist das Begriffspaar Denotation/Konnotation auch in der Filmanalyse unvermeidbar.

Denotation heißt erst einmal ganz einfach formuliert: Die mit dem Zeichen (Wort, Bild) gemeinte Sachbezeichnung, die direkte, unmittelbare Bedeutung eines Wortes, Satzes oder Textes.

Konnotation geht über diesen unmittelbaren Zusammenhang hinaus und bezeichnet das darüber hinaus Mitgemeinte, die zusätzlichen Bedeutungen eines Wortes, Satzes oder Textes.

In viel stärkerem Maße als das Wort hat das Filmbild wie auch der Filmton eine denotative Bedeutung. Diese kommt durch die Analogie von signifiant (das Bezeichnende) und signifié (oder Signifikat, das Bezeichnete) zustande. Das Bild eines Tisches ist zwar nicht der Tisch, aber er hat,

32 *Monaco,* 1980, S. 199f.

33 *Monaco* stellt fest, es sei zwar „im Film unmöglich, ‚ungrammatisch‘ zu sein“ (S. 134); aber: im strengen Sinne hat der Film „keine Grammatik“ (S. 158).

34 Ich folge mit dieser Einteilung *Monaco,* S. 133ff.

35 Zuerst 1968, später auch überarbeitet als Teil des Buches „Semiologie des Films“ (Frankfurt/M. 1972).

um mit Metz zu reden, eine „perzeptive Ähnlichkeit".[36] Auch der Filmton, etwa das Bellen eines Hundes, ist einem wirklichen Hundebellen ähnlich. Monaco nennt diese denotative Bedeutungsebene auch „Kurzschluß-Zeichen"[37]: Man glaubt, das Bild ist, was es abbildet.

Das läßt sich natürlich auch über das einzelne Bild hinaus auf größere Einheiten ausdehnen. Eine realistische Szene im Film bedeutet erst einmal das, was sie darstellt – zwei Männer kämpfen miteinander, zwei Liebende küssen sich usw. Das Problem mit der so selbstverständlichen denotativen Bedeutung des Films ist gerade seine gesetzmäßig erscheinende Selbstverständlichkeit. Oder, mit Christian Metz zu sprechen: „Ein Film ist schwer zu erklären, da er leicht zu verstehen ist."[38]

2.7.2 Konnotation

Erst von diesem komplementären Begriff aus wird das Problem der Denotation ganz deutlich. Denn viele Filmbilder haben mehr Bedeutung, als die Summe ihrer Denotationen umfaßt.[39] Sie meinen mehr als das analog Abgebildete, sie transportieren zusätzliche Bedeutungen, die sich häufig aus anderen kulturellen Codes speisen, gewinnen so symbolische Aussagekraft, die weit über das Denotat hinausgeht. Diese konnotative Bedeutungsebene ist keineswegs auf den künstlerischen Film beschränkt, sondern kommt in ganz trivialen Unterhaltungsfilmen (wobei die Konnotationen allerdings häufig klischeehaft, völlig konventionalisiert erscheinen), besonders gehäuft auch in Werbespots vor.

Eine letzte wichtige theoretische Unterscheidung von Konnotationen sollte jedoch noch getroffen werden, die von großer Bedeutung für die analytische Praxis ist.

Die symbolische Aufladung eines Bildes mit konnotativer Bedeutung kann sich aus verschiedenen Quellen speisen: Es kann schon im Horizont kultureller Konvention konnotativ erweitert sein. So ist ein Fensterkreuz, nur Nah gezeigt, in vielen Filmen mehr als sein Denotat: Es verweist gleichzeitig auf christliche Symboltradition und kann dann zusätzlich „Leid", „Opfer" o. ä. bedeuten. Oder, um ein szenisches Beispiel zu nehmen: „Über freies Feld galoppierende Pferde" ist als symbolische Darstellung von Freiheit, Ungebundenheit usw. in unserem Kulturkreis – nicht zuletzt durch die Werbung – schon bis in die Präsentationsformen hinein so konventionalisiert, daß der Rezipient diese Konnotation sofort erfaßt.

Bilder haben aber auch Konnotationen, die nicht schon in der Auswahl und konventionalisierten Präsentation begründet sind, sondern durch Verknüpfung mit Einstellungen vorher und nachher, durch Montage im Film erzeugt werden. Nahezu jedes Bild kann im Film durch Montage konnotative Bedeutungen entwickeln. So gewinnt in Faßbinders „Fontane Effi Briest" die Eisenbahn konnotative Bedeutung, weil sie im Kontext der Erinnerung Effis an ihre Heimat Hohen-Cremmen montiert ist; die Bahn ist Vehikel ihres Heimwehs, Symbol ihrer schmerzlichen Sehnsucht und – auf ihre Situation in Kessin bezogen – zugleich Ausdruck ihres Eingesperrtseins.

Natürlich sind beide Typen der Konnotation oft gemeinsam wirksam. In Josef Sternbergs „Der blaue Engel" etwa erscheint in bestimmten Situationen bei den ersten Begegnungen Unrats mit Lola ein Clown, der Unrat kurz ansieht und dann durch die Tür verschwindet. Natürlich gehört der Clown zur gezeigten Filmwelt des Varietés, ist aber auch kulturell schon symbolisch aufgeladen mit der konnotativen Bedeutung: Traurigkeit hinter fröhlicher Maske, Weisheit hinter scheinbarem Narrentum u. ä. Der Regisseur wählt nun eine der Bedeutungen aus, indem er den Clown auf spezifische Weise präsentiert, montiert das Motiv so, daß die Szene drohendes Unheil signalisiert, das Schicksal Unrats antizipiert, der ja dann später als trauriger Clown in dem gleichen Varieté endet.

36 *Metz,* 1972, S. 325.
37 *Monaco,* 1980, S. 141.
38 Zit. nach *Monaco,* 1980, S. 144.
39 In der Semiotik nennt man die Summe der Denotationen eines Bildes „Diegesis".

2.8 Montage

Dieser für den Film zentrale Begriff meint in allgemeinster Form die Verknüpfung von mindestens zwei Einstellungen eines Filmes durch Schnitt oder Blende. Dieses Verbinden oder Zusammensetzen einzelner „Takes", einzelner Filmaufnahmen, wird im Englischen auch „cutting", im Deutschen „Schnitt" genannt, wobei die veränderte Perspektive deutlich wird: Cutting und Schnitt haben eher das Herausschneiden nicht gewünschten oder nicht verwendbaren Materials im Auge, während das französische „montage" die konstruktive Tätigkeit des Zusammenfügens von Teilen meint. Wir nennen daher im folgenden diese Verknüpfungen von Einstellungen Montage, wobei sich der Begriff nur auf die diachronen Bildverknüpfungen bezieht. Der französische Filmwissenschaftler André Bazin definierte die Montage sehr treffend als „Organisation der Bilder in der Zeit."[40]

In dieser Definition des Begriffs Montage spiegelt sich noch seine Herkunft aus der Stummfilm-Diskussion. Im Tonfilm kamen ja andere Zeichensysteme (Sprache, Musik/Geräusche) dazu, die ihrerseits auf der synchronen Ebene mit dem Bild verknüpft, zu einer Einheit „montiert" wurden. Aber um den Begriff nicht zu unscharf werden zu lassen, sollen diese synchronen Verknüpfungen nicht unter „Montage" subsumiert werden: Sie werden unter Wort-Bild- bzw. Wort-Bild-Ton-Verbindungen eingeordnet.

Die Montage als „Organisation der Bilder in der Zeit" meint aber nicht nur die Verknüpfungen einzelner Einstellungen, sondern auch die Verknüpfungen von ganzen Filmsequenzen. In der theoretischen Diskussion wird daher auch meist von der „Verknüpfung filmischer Einheiten" gesprochen, weil diese Bezeichnung offen läßt, ob es sich um einzelne Einstellungen, Teile von Sequenzen oder ganze Sequenzen handelt.

Einstellungen werden durch Schnitt oder Blende begrenzt, d.h. aber auch: miteinander verbunden. Die Blende hat verschiedene technische und damit dramaturgische Möglichkeiten, eine weiche, nicht unvermittelte Verbindung zwischen Einstellungen herzustellen. Man unterscheidet etwa *Abblende* (weicher Beginn einer Einstellung), *Überblende* (Doppelbelichtung: Zwei Einstellungen gehen sozusagen ineinander über). Dazu kommen *Trickblenden*, die nach ihrer technischen Form benannt werden: Schiebeblende, Wischblende, Irisblende, Weißblende usw.

Schnitt und Blende als teilende bzw. zusammenfügende Instrumente des Films sorgen nicht nur dafür, daß eine Handlung im Sinne einer bestimmten Intention weitergeführt wird, sondern legen auch den Rhythmus, die „Interpunktion" des Films fest. Dabei haben Schnitt und Blende unterschiedliche Interpunktionsqualitäten.

Der „harte Schnitt" – zwei Einstellungen unterschiedlichen Inhalts, unterschiedlicher Perspektive, Einstellungsgröße, Beleuchtung usw. werden direkt aneinander montiert – macht die Gliederung für den Zuschauer erkennbar; der weiche Schnitt läßt vergessen, daß überhaupt geschnitten wird, fördert so die Illusion von Realitätsabbildung.

Die Blende dagegen lenkt die Aufmerksamkeit des Zuschauers auf Anfang und Ende einer filmischen – kleineren oder größeren – Einheit, wobei besonders in der Stummfilmzeit wie auch in den 30er und 40er Jahren eine große Vielzahl von Trickblenden eingesetzt wurden, die man heute nur noch selten sieht. Auch das sogenannte Einfrieren des Bildes ist ein gelegentlich benutztes weiches Gliederungsmittel.

„Alle diese Gliederungen", resümiert James Monaco, „entsprechen dem Punkt. Ein Auf- oder Abblenden kann eine Beziehung bedeuten, aber ist ganz eindeutig kein direktes Bindeglied. Die Überblendung jedoch, in der sich Auf- und Abblende überlagern, verbindet. Wenn es im Film ein Komma zwischen diesen verschiedenen Punkten gibt, ist es die Überblendung [...] Sie ist im Film das Interpunktionszeichen, das Bilder vermischt und gleichzeitig verbindet."[41]

40 *André Bazin,* Was ist Kino? Bausteine zu einer Theorie des Films. Köln 1975.

41 *Monaco,* 1980, S. 211.

2.8.1 Der unsichtbare Schnitt

Bevor wir auf einzelne Formen der Montage genauer eingehen, sollen *zwei Grundformen* der Montage unterschieden werden, die für die Analyse von besonderer Wichtigkeit sind: der *unsichtbare* und der *sichtbare, gestaltende Schnitt*. Der unsichtbare Schnitt verbindet zwei Einstellungen auf eine Weise, daß er selbst als Schnitt kaum bemerkt wird. Erreicht wird dieser Effekt des „weichen Schnitts" durch verschiedene Möglichkeiten. Voraussetzung für den unsichtbaren Schnitt ist weniger die bildinhaltliche Kontinuität als vielmehr die Kontinuität der Kameraführung: Gleichbleibende Einstellungsgröße und Perspektive lassen die Handlung als organisch erscheinen, thematisieren keinen Wechsel. Aber es gibt auch noch andere Mittel, den Schnitt für den Zuschauer kaum bemerkbar zu machen. Der Grund liegt in der Konventionalisierung von Schnitten in bestimmten Handlungssituationen. So ist etwa das Schuß-Gegenschuß-Schnittverfahren bei der Darstellung von Gesprächen, das zwar die Einstellungsgröße beibehält, aber die Kameraperspektive hart verändert, hier zu nennen: Im Bild ist z. B. Sprecher A zu sehen/Schnitt/Sprecher B antwortet; jetzt ist Sprecher B zu sehen/Schnitt/wieder Sprecher A usw. Dieses Verfahren ist nicht nur im Spielfilm, sondern inzwischen ebenfalls durch das Fernsehen, etwa auch bei Informationssendungen, so konventionalisiert, daß es vom Zuschauer als quasi natürliche Abbildung eines Gesprächs angesehen wird – der Schnitt bleibt so unsichtbar. Eigene Tests haben die Wirksamkeit dieses unsichtbaren Schnitts immer wieder bestätigt. Selbst bei Beobachtungsaufgaben haben Studenten diesen unsichtbaren Schnitt nicht immer bemerkt, so selbstverständlich erschien ihnen das Schnittverfahren.

2.8.2 Systematik der Montageformen

Es ist immer wieder von Filmtheoretikern und Filmanalytikern versucht worden, die verschiedenen Formen der Montage systematisch zu ordnen, ein in sich konsistentes Schema der Montageformen zu entwickeln. Pudowkin schlägt ein 5-Formen-Modell vor, Arnheim nennt 4, Kaemmerling 12 und schließlich Metz in dem wohl bekanntesten Systematisierungsversuch 8 Grundtypen. In unserem Zusammenhang soll jedoch keine filmtheoretische Auseinandersetzung mit diesen sehr verschiedenen und zum Teil komplexen Modellen geleistet werden – die einschlägigen Textsammlungen zur „Theorie des Films" bieten genug Material an Primärtexten der Filmtheoretiker für eine fundierte eigene Beschäftigung.

Hier wird auf die pragmatisch ausgerichtete Systematik von Thomas Kuchenbuch zurückgegriffen, die sich in der filmanalytischen Praxis von Schule und Hochschule nach meinen Erfahrungen bewährt hat. Sein Modell der 7 Grundtypen erfüllt hinreichend die erforderlichen Funktionen für eine auf den vollständigen Film bzw. die Verfilmung zielende Analyse, nämlich

1. Kategorien der Wahrnehmung, Beschreibung und Interpretation von zentralen Komponenten eines Films für die Analysierenden bereitzustellen und
2. die wichtigsten Typen der Verknüpfung „filmischer Einheiten" (Einstellungen, Einstellungsgruppen, Sequenzen) in hier zum Gegenstandsbereich gehörenden Verfilmungen auch tatsächlich zu erfassen.

Daß es daneben seltene Sonderfälle und ungewöhnliche Montagekonstruktionen in Filmen geben kann (Beispiel: Ein Film besteht nur aus einer einzigen Einstellung wie etwa Filme von Andy Warhol), soll in diesem Zusammenhang ausgeblendet bleiben.

2.8.3 Sieben Grundtypen der Montage
(in Anlehnung an Kuchenbuch[42])

I. Narrative Montageformen

1. Szenische Montage

Der Film verknüpft die Einstellungen und Sequenzen so, als ob sie von einem Augenzeugen miterlebt würden. Einheit von Raum, Zeit und Handlung sind hier bestimmend; der unsichtbare

42 *Kuchenbuch*, 1978, S. 39 ff.

Schnitt ist das dominante Gestaltungsmittel, die Montage als strukturierendes Element tritt nicht in Erscheinung. Ein Großteil der Unterhaltungsfilme, auch konventionell gestaltete Literaturverfilmungen (etwa Jugendliteraturverfilmungen wie Ilse Hoffmanns „Die Ilse ist weg") bedienen sich dieser Montagetechnik.

2. Erzählende Montage

Der Film fügt verschiedene Einstellungen bzw. Sequenzen zusammen, die zwar zeitlich und gelegentlich auch räumlich auseinanderliegen, aber doch eine inhaltliche Einheit, einen zusammenhängenden Prozeß bilden, etwa die Entwicklung einer Person, einer Handlung u. ä. darstellen. Besonders in Form der Rückblende verdeutlicht diese Montageform, daß sie wie erzählte Erinnerung strukturiert ist: Das Unwichtige wird fortgelassen, die wichtigen zusammengehörigen Stationen eines Prozesses aneinandergekoppelt. Der Eindruck von Einheit einer so montierten Handlung wird häufig durch Musik, Off-Kommentare o. ä. unterstützt.

Ein Beispiel findet sich etwa in Luderers Verfilmung von „Effi Briest": Effi und Instetten machen Pflichtbesuche beim Landadel ihrer Gegend. Zusammengehalten durch ein immer wiederkehrendes musikalisches Jagdhörner-Motiv reiht der Film nur einzelne Szenen der jeweiligen Besuche aneinander, immer eingebettet durch die Fahrt in der Kutsche bzw. im Schlitten, wodurch zugleich die Zeitspanne im Wechsel der Jahreszeiten verdeutlicht wird. Die erzählende Montage rafft das viel Zeit in Anspruch nehmende Besucherprogramm zusammen und drückt damit zugleich Effis Wahrnehmung aus: Sie erinnert sich nur noch an einzelne Szenen, der Eindruck des Monotonen, Eintönigen dieser Besuche ist bei ihr vorherrschend – und wird so auch dem Zuschauer vermittelt.

II. Deskriptive Montageform

3. Beschreibende Montage

Hier steht die Beschreibung von Schauplätzen der Handlung (Städte, Häuser, Gärten etc.) bzw. von Gegenständen und Figuren im Vordergrund. Die einzelnen Einstellungen sind deutlich dem Ziel untergeordnet, einen Ort, ein Haus o. ä., das für Handlung und Problemdarstellung wichtig ist, vorzustellen. Zur assoziativen Montage (vgl. Nr. 7) unterscheidet sich diese Form durch stärkere Objektbezogenheit und straffere Komposition der beschriebenen Aspekte.

Hier ist die räumliche Einheit ein definitorisches Merkmal. Diese Montageform kommt in vielen Filmen vor, weil so häufig dem Zuschauer erst einmal der Handlungsort vorgestellt wird. Eine solche Szene beginnt etwa mit einer Totalen, ehe im Folgenden in näheren Einstellungen Teile des Raumes z. B. aus verschiedenen Perspektiven – deskriptiv aneinandermontiert – dem Zuschauer eine räumliche Vorstellung des Handlungsorts vermitteln. So finden sich, um ein Beispiel zu nennen, deskriptive Montagen gleich am Beginn von Sternbergs „Blauer Engel": In wenigen Einstellungen beschreibender Art wird der Handlungsort „Kleinstadt" vorgestellt, wenig später die Wohnung Professor Raths.

Mit diesen drei Montageformen sind die Typen beschrieben, deren Verknüpfungen durch „sichtbare Teilidentitäten"[43] bestimmt werden. Verschiedene Perspektiven einer Figur, eines Raums, eines Handlungselements verbinden die Einstellungen und konstituieren so eine Aussage, die der Zuschauer zu übernehmen angeregt wird.

Anders sind die Rezeptionsverhältnisse bei den nun folgenden 4 Grundformen, die auf indirekte, vergleichende, symbolische oder sonstwie metonymische Beziehungen ausgerichtet sind. Diese abstrakten Montageeinheiten konstituieren ihre Bedeutung noch nicht durch die Montage von Einstellungen, sondern erst durch die Leistung des Zuschauers, der den Sinn unter Einbeziehung des Handlungskontextes erschließt. Dabei spielen dann kulturelle und filmische Konventionen in der Symboldarstellung eine große Rolle.

43 Vgl. *Kuchenbuch,* 1978, S. 41.

III. Metonymische Montageformen

4. Metonymische Montage

Diese Montage verklammert verschiedene Bereiche unter einem abstrakten Oberbegriff, daher – etwa bei Metz – auch die Montageform der „umfassenden Klammerung“ genannt. Hierzu gehören diejenigen Montagen, die im Sinne der oben angeführten Definition von Pudowkin einen Gedanken, einen gesellschaftlichen Begriff formulieren, ohne daß dieser explizit genannt wird. Kuchenbuch nennt als Beispiel: „Elendsviertel, stillstehende Fabrikräder, Schlangen vor den Einkaufsläden: Wirtschaftskrise“ oder „Schneewehen, Eiszapfen, verschneite Autobahnen: Winter“[44]. Man hat hier das dominante Montageprinzip vieler politischer und gesellschaftskritischer Stummfilme vor sich, etwa bei Eisenstein, aber auch bei Brecht/Dudows „Kuhle Wampe“: Zeichen plus Zeichen gleich Superzeichen – semiotisch formuliert; die Addition der einzelnen Teile (Einstellungen) ergibt ein Neues, ist mehr als die Summe der Einzelteile.

5. Vergleichende Montage

Zwei filmische Einstellungen werden pointiert aneinandergeschnitten und so miteinander verbunden. Dabei kann es sich um Parallelisierung von Handlungssträngen handeln (im Krimi, Western und anderen Action-Genres ist das sehr beliebt), aber auch um begriffliche Konstruktionen (Kontrastive Montage[45]). Wie sehr die Bedeutung der vergleichenden Montage inhaltlich bestimmt wird, soll an einem Beispiel etwas ausführlicher erläutert werden.

Von Sternbergs Film „Der blaue Engel“ (1930) beginnt mit einer beschreibenden Montage: Die Kleinstadt mit typischen Requisiten wird in kurzen Einstellungen vorgestellt. Der nächste Abschnitt ist dann durch Parallelmontage von Einstellungen zweier Handlungsorte bestimmt: Professor Rath in seiner Wohnung beim Frühstück, die Schulklasse vor dem Unterricht. Relativ lange filmische Einheiten am Beginn dieses Abschnitts werden dann in Form einer „beschleunigten Montage“ durch sich verkürzende Parallelmontagen dramatisiert: Professor Rath auf dem Weg zur Schule, die Klasse vor dem Unterrichtsbeginn – Professor Rath auf dem Schulflur – die Klasse in Erwartung des Lehrers – Professor Rath in der Klasse.

Der Vergleich der parallel ablaufenden Handlungen wird durch die Montage also erst hergestellt. Der Zuschauer sieht die beiden Parteien und wird neugierig gemacht auf das Zusammentreffen, die beschleunigte Montage läßt einen dramatischen Zusammenprall erwarten. Dazwischen montiert ist eine Einstellung „Turmuhr“, die einerseits zum narrativen Teil gehört (sie schlägt 08.00 Uhr, das ist die Zeit für den Beginn des Unterrichts), andererseits jedoch – pointiert durch Großeinstellung und Froschperspektive – aus diesen Parallelmontagen herausfällt. Man könnte die einmontierte Turmuhr-Einstellung auch als „assoziative Montage“ einstufen. Sie vermittelt durch die Turmuhr-Figuren und das Glockenspiel (Üb' immer Treu und Redlichkeit) die Impression des Kleinbürgerlichen dieser Stadt. Man könnte sie aber auch – und das muß keineswegs sich gegenseitig ausschließen – als „symbolische Montage“ verstehen, die auf pointierte, ironische Weise die gerade ins Bild gesetzte Welt Professor Raths symbolisch zusammenfaßt: So wie die Figuren des Glockenspiels geht bei Unrat alles seinen mechanisch vorgegebenen Gang, Sinnbild seiner Welt vor der Zeit mit der Sängerin Lola. Man kann an diesem Beispiel auch erkennen, daß sich Montageformen in einer Sequenz überlappen, ergänzen bzw. komplementär verwenden lassen.

6. Symbolische Montage

Solche – häufig in narrative Teile – eingeschnittenen symbolischen Einstellungen werden oft erst durch den umgebenden Kontext in ihrer symbolischen Bedeutung festgelegt. So kann jedes Bild einer Uhr in entsprechendem Kontext als symbolische Montage fungieren: als Symbol der unaufhaltsam vorrückenden Zeit (etwa in ‚High noon‘),

44 *Kuchenbuch,* 1978, S. 40.
45 *Eisenstein* hat mit diesem Begriff seine spezifische Montagetechnik genauer definiert.

als Symbol der Vergänglichkeit o. ä. Der konnotative Bedeutungsraum der Uhr wird durch den Kontext festgelegt. Es gibt aber – in jeder Kultur, so auch im Film als geschichtlichem Medium – Konventionen, die den symbolischen Wert von Bildern, meist in einer bestimmten Perspektive und Einstellungsgröße, quasi vorab definieren. Ein solches Bild ist das der über eine Wiese galoppierenden Pferde. Dafür gibt es unzählige Beispiele, so daß heute oft schon der Ton galoppierender Pferde ausreicht, dieses Symbol für Freiheit und Ungebundenheit beim Zuschauer vor das innere Auge zu heben. Auch die Werbung macht sich diese symbolische Codierung zunutze (vgl. Marlboro-Werbung).

An einem Beispiel aus dem Jugendfilm (Hark Bohm hat in seinen Filmen dieses Symbol schon vorher häufiger verwendet, z. B. in „Nordsee ist Mordsee") soll das veranschaulicht werden. In Beckers „Vorstadtkrokodile" gibt es eine Sequenz, in der Peter mit seiner kleinen Schwester im Kinderwagen ausfahren muß. Er sieht am Horizont zwei Freunde auf Fahrrädern auftauchen. Die nächste Einstellung zeigt galoppierende Pferde. Dann sind die Freunde da und fragen ihn, ob er mit zum Wagen kommen will, was er ablehnt, er muß Babysitter spielen. Diese symbolische Montage wird also über die konventionalisierte Codierung der Pferde als Symbol der Freiheit und Ungebundenheit zusätzlich kontextuell definiert (vgl. auch das Kapitel „Denotation – Konnotation", S. 38 ff.).

7. Assoziative Montage

Hiermit sind Einstellungen gemeint, die durch die Intention zusammengehalten sind, mit Hilfe einiger vage herausgegriffener Bilder einer Situation deren Atmosphäre zu vermitteln, „Impressionen einer Stimmung"[46] wiederzugeben. Oft werden dadurch auch die Stimmung einer Person, deren Bewußtseinslage, deren Träume und Phantasien näher bestimmt. In Ilse Hoffmanns Jugendfilm „Die Welt in jenem Sommer" wird z. B. die sehr komplexe Bewußtseinslage des jüdischen Schülers Hannes im Hamburger Sommer 1936 durch assoziative Montage (hier allerdings auch die Wort-Ton-Ebene einbeziehend) charakterisiert. Hannes hört den Lehrer gefährliche Fragen stellen, sieht sich selbst als beobachtetes Objekt (radikale Vogelperspektive als Totale), assoziiert jetzt seine Lieblingslektüre „Edgar Wallace" und sieht jetzt (eingeschnittenes Insert) den Werbespruch „Es ist unmöglich, von Edgar Wallace nicht gefesselt zu sein" vor seinem Auge. Hier werden durch assoziative Montage die verschiedenen Wirklichkeitsebenen eines halbwüchsigen Jungen in dieser Situation angemessen vermittelt.

46 *Kuchenbuch,* 1978, S. 40.

3 Adaption

Hier wird Adaption vorerst noch unscharf mit Kreuzer als eine „Verfilmung von fiktionalen Texten der Buchliteratur für Kino und Fernsehen“ verstanden, wobei der Begriff „Verfilmung“ den Übergang in ein vollkommen anderes (in der Regel gemischtes) Zeichensystem einschließt.[1]

Der Begriff Adaption (manchmal auch Adaptation) birgt schon von seiner etymologischen Herkunft her den Kern eines Mißverständnisses in sich. Abgeleitet von lateinisch adaptare (= anpassen, passend herrichten) wurde er vornehmlich für physiologische Vorgänge (Anpassung des Auges), später für die Anpassung elektronischer Systeme (Adapter) verwendet. Der fachterminologische Gebrauch im übertragenen Sinne im Bereich der Künste ist daher von vornherein durch diese Alltagssemantik mitbestimmt: Adaption eines Werkes der Kunst durch eine andere Kunstgattung oder eine andere Kunstform läuft immer Gefahr, lediglich als Anpassung mißverstanden zu werden, was zugleich Hochschätzung der Vorlage und Abwertung der Adaption impliziert.

Lessings „Laokoon“ (1766) ist nach allgemeiner Auffassung der Beginn einer Adaptionsdiskussion, die im Verlaufe der Entwicklung neuer Medien von Zeit zu Zeit neuen Schub erhält. Schon Lessing hat energisch für die Autonomie einer Kunstform, in diesem Falle der Poesie, vom Diktat einer anderen, der Malerei, plädiert. Durch ihn wurde die Literatur vom Diktat der Malerei – „ut pictura poesis“ hieß die orthodox erstarrte Formel für diese Abhängigkeit – befreit; zugleich begründete er eine Grenzziehung zwischen den verschiedenen Künsten, in dem er deren jeweilige Wesensbestimmungen definierte. „Neben der Erkenntnis, daß bei einer Transformation eines Stoffes dieser mit den Möglichkeiten des betreffenden Mediums jeweils neu formuliert werden muß, hob er vor allem in der Reflektion der Dramatisierung hervor, daß die künstlerische Qualität allein entscheide, was wertvoller sei, die Vorlage oder die Bearbeitung.“[2]

Mit Aufkommen des Kinofilms und später des Fernsehfilms bzw. Fernsehspiels verschärft sich das Adaptionsproblem erheblich. Ein großer Bedarf nach Stoffen, ein regelrechter Stoffhunger, ist festzustellen, zugleich ein Symptom für die Ungleichzeitigkeiten der Entstehung der Medien. Analog zur geringen Wertschätzung des neuen Mediums Film um die Jahrhundertwende (Jahrmarktsunterhaltung) ging der Kinofilm recht willkürlich und sorglos mit dramatischen und epischen Literaturvorlagen um: Die Literatur war Stoffreservoir für Handlungsmuster. Erst als der Film nach 1910 um Aufwertung bemüht war und bürgerliche Publikumsschichten zu erreichen suchte, griffen um künstlerischen Wert bemühte Filmproduzenten auf „wertvolle Literatur“, vornehmlich Klassiker, zurück. Das versprach zugleich auch eine Risikominderung für die zum Teil sehr teuren Produktionen.

3.1 Typen der Literaturadaption

Natürlich könnte man auch Typen der Literaturadaption im Film und später im Fernsehspiel diachronisch beschreiben. Der historische, auch filmhistorische Längsschnitt würde zeigen, daß sich phasenweise unterschiedliche Adaptionstypen und -stile, eine differenzierende Auswahl von Literaturvorlagen (qualitativ und quantitativ) durchsetzten und auch weiterhin durchsetzen. Jede Filmgeschichte zeichnet zugleich auch die Adaptionstypengeschichte mit nach.
Für den Bereich des Fernsehspiels hat Hickethier

1 *Helmut Kreuzer*, 1981, S. 24f.

2 *Wolfgang Gast* et al., Gegenwartsliteratur und Fernsehen. In: Weiterbildung und Medien, Heft 4 (1981), S. II.

das in seiner Monografie des deutschen Fernsehspiels genau nachgezeichnet. (Kap. V., 7: „Adaptionskonzepte im Überblick"). Dabei wird dann auch deutlich, daß aus der Theateradaptionsdiskussion entlehnte Begriffe wie „Werktreue" historisch zu verstehen sind; zwar wurde Werktreue lange Zeit bei Literaturverfilmungen für das Kino und auch das Fernsehen als normativer Begriff benutzt, aber seine Bedeutung ging zumindest in der Film- und Fernsehkritik im Laufe der 60er Jahre mehr und mehr zurück.[3]

3.1.1 Diachronische Beschreibung der Adaptionskonzepte des Fernsehspiels

Da ein Teil der Literaturverfilmungen Fernsehspiele waren und sind, manche der Zuordnungen auch für Kinofilme selbst gelten können, werden im folgenden die Einteilungen Hickethiers im Überblick zusammengefaßt.

1. Adaption als „Kammerspiel"

Aufgrund der beschränkten Produktionsbedingungen im Fernsehen der 50er Jahre – grundsätzlich Live-Ausstrahlung – war eine Bevorzugung von Stücken mit wenig Personal vor einer Studiokulisse vorherrschend, so daß auf dem kleinen Bildschirm mit noch geringer Auflösungsleistung für den Zuschauer überhaupt etwas zu erkennen war.

2. Adaption als Stoffgewinnung

Aus den Anfängen entwickelte sich in den 50er Jahren insbesondere für Komödien und Schwänke, orientiert am Boulevard-Inszenierungsstil, ein Adaptionstypus, der ja auch am Beginn des Kinofilms dominant gewesen ist.

3. „Stuttgarter Stil"

Ein aus Regisseuren und Schriftstellern gemischtes Produktionsteam beim Süddeutschen Rundfunk Stuttgart (Franz Peter Wirth, Hellmut Pigge, Martin Walser u. a.) entwickelte einen Stil der Literaturadaption, der versuchte, die künstlerischen Möglichkeiten des Mediums stärker auszuschöpfen. Man erprobte Stilisierung und Reduktion illusionsstiftender Bühnenkulissen, grafische Vereinfachungen, optische Chiffren, räumliche Assoziationen (Hickethier, S. 209). Dies waren die Stichworte für ein Bemühen, doch das Spiel einprägsamer auf dem Schirm hervortreten zu lassen. Ein gerühmtes Beispiel für eine solche Adaption im Stuttgarter Stil ist „Jeanne oder die Lerche" (1957).

4. Filmischer Naturalismus und Realismus

Dieser – zum Teil in Opposition zum Stuttgarter Stil entstandene – Typus dokumentierte sich Ende der 50er Jahre zum Teil schon durch die veränderte Auswahl der Vorlage (vermehrt naturalistische Vorlagen), vor allem aber durch eine illusionistische Spielweise, um beim Zuschauer den Eindruck von Realitätsabbildung zu suggerieren. Vor allem die sogenannten Fernsehromane, Mehrteiler nach literarischer Vorlage, dominierten.

5. Fernsehspezifische Adaption von Klassikern

In den 60er Jahren versuchte man, klassische Vorlagen auf neue, häufig aktualisierte Weise zu adaptieren. Ausgangspunkt war Kortners „Das Ende der Lysistrate", NDR 1961, nach Aristophanes. Eine andere Variante der experimentellen Klassikerrezeption war die Inszenierung am historischen Ort: Goethes Tasso wurde in Italien, Lessings Nathan in Jerusalem, der Orest-Mythos in Griechenland, Becketts „Warten auf Godot" in einer Karstlandschaft Jugoslawiens gedreht.

6. Literatur als Dokument historischer Erfahrung

Schon in den 60er Jahren adaptierte man literarische Vorlagen, um einen „Realitätsausschnitt aus vergangenen Epochen zu zeigen"[4]. Diese Ent-

3 *Hickethier,* 1980, S. 204.

4 *Hickethier,* 1980, S. 212.

wicklung erreichte in den 70er Jahren ihren Höhepunkt. Bekannte Beispiele sind Egon Monks „Bauern Bomben Bonzen" nach Hans Fallada, Fechners „Tadellöser und Wolff" nach Walter Kempowski, Meixner-Hädrichs „Stechlin" nach Theodor Fontane. Stichworte dieses Adaptionstypus sind: Innensicht der dargestellten Epoche, Alltagsgeschichte, Chronistengenauigkeit.

7. Literaturverfilmung als Abenteuerunterhaltung

Seit Mitte der 60er Jahre waren Romane der Abenteuerliteratur vermehrt Vorlagen für Verfilmungen (Mark Twain, J. F. Cooper, Joseph Conrad, Jules Verne, Alexander Dumas u. a.). Häufig mehrteilige Adaptionen setzten auf Exotik der Handlungsorte und Spannungskonstruktionen der Handlung – geschichtliche Rekonstruktionen spielten keine Rolle.

3.1.2 Synchrone Typologie der Adaptionsformen

Bei der Auseinandersetzung über Sinn und Funktion von Literaturverfilmungen wird immer wieder auf den französischen Filmkritiker André Bazin zurückgegriffen, der – im Gegensatz und mit deutlichem Blick auf seine Kritikerkollegen – bereits 1952 in seinem Hauptwerk „Für ein unreines Kino – Plädoyer für die Adaption" eine Lanze für die filmische Literaturadaption gebrochen hat. Dieser Aufsatz war sehr folgenreich für die weitere Diskussion und stellte in seiner Auseinandersetzung um den Werktreuebegriff der Adaption auch einen häufig verwendeten Ausgangspunkt für Beschreibung, Typologisierung und Bewertung von Literaturverfilmungen dar. Bazin geht von der Einschätzung aus, daß es falsch sei,

> „die Werktreue als eine notwendigerweise negative Bedienung fremder ästhetischer Gesetze vorzustellen. Zweifellos hat der Roman seine eigenen Mittel, sein Material ist die Sprache, nicht das Bild, seine auf den einzelnen Leser vertraute Wirkung ist nicht dieselbe wie die des Films auf die Masse im verdunkelten Kinosaal. Gerade die Unterschiede in den ästhetischen Strukturen machen die Bemühung um möglichst vollkommene Entsprechungen noch schwieriger. Sie verlangen sowohl mehr Erfindungen als auch mehr Fantasie von dem Regisseur, der sich wirklich um eine werkgetreue Arbeit bemüht. Man kann davon ausgehen, daß in bezug auf Sprache und Stil der Film in einem direkt proportionalen Verhältnis zur Werktreue steht. Aus den gleichen Gründen, aus denen eine Wort-für-Wort-Übersetzung untauglich und auch eine zu freie Übersetzung zu verurteilen ist, muß eine gute Adaption das Original in seiner Substanz nach Wort und Geist wiederherstellen können. Wir wissen aber, daß eine gute Übersetzung eine sehr vertraute Kenntnis der Sprache und des ihr eigenen Geistes erfordert."[5]

Mit Werktreue hat Bazin einen Zentralbegriff der Diskussion über Adaptionen im allgemeinen und Literaturverfilmungen im besonderen aufgegriffen und ihn so definiert, daß Werktreue buchstäblich genommen eine Aporie, einen nicht auflösbaren Widerspruch darstellt. Entsprechend bildet dieser Begriff in der medien- und literaturwissenschaftlichen Diskussion auch einen markanten Meßpunkt für eine Typologie der Adaption. Am bekanntesten ist Helmut Kreuzers Versuch, die filmische Literaturadaption in vier Grundtypen zu unterteilen, die zur Werktreue einen je unterschiedlichen Standpunkt haben.[6]

1. Adaption als Aneignung von literarischem Rohstoff

Zu diesem Adaptionstyp gehören neben den vielen Beispielen aus Filmen „nach Motiven" der Abenteuerliteratur auch anspruchsvollere Filme wie etwa „Der blaue Engel" von Sternberg, der nur im ersten Teil der Vorlage im Hinblick auf Figurenkonstellation und Handlungsführung folgt, sie dann aber im zweiten Teil – Unrats Leben mit Rosa Fröhlich in der Villa „Vor den Toren der Stadt" bis zu seinem Absinken „ins Dunkel" – nicht nur ignoriert, sondern handlungsmäßig völlig verkehrt zu einem pathetisch-sentimentalen „tragischen" Schluß. Kreuzer fordert zu Recht, diesen Typus Film, um ihm gerecht zu werden, erst einmal ohne Blick auf eine Vorlage zu analysieren und zu beurteilen.

5 *André Bazin*, a.a.O., S. 56.
6 Vgl. zum folgenden *Kreuzer*, 1981.

2. Adaption als Illustration

Dieser wahrscheinlich häufigste Typus von Literaturadaption, der als „bebilderte Literatur" die von Bazin geforderte Beobachtung der Eigengesetzlichkeit der Medien Literatur und Film vernachlässigt bzw. mißachtet, ist häufig dem schon beschriebenen aporetischen Ziel der Werktreue verpflichtet. An zahlreichen Fontane-Verfilmungen (z. B. „Cécilie", „Stechlin", „Effi Briest"-Verfilmungen von Gründgens und Jugert) ist das schon häufiger analytisch belegt worden.

Auch Verfilmungen der Kinder- und Jugendliteratur gehören meistens zu diesem Adaptionstyp. Die frühen Regieleistungen von Ilse Hofmann („Als Hitler das rosa Kaninchen stahl" nach dem Roman von Judith Kerr; „Die Ilse ist weg" nach dem Roman „Ilse Janda, 14" von Christine Nöstlinger) sind ein Beleg dafür, daß diese Adaption als Filme durch den weitgehenden Verzicht auf medienspezifische Transformationsleistungen in ihrer konventionellen Filmsprache und Dramaturgie langweilig werden.

3. Die Adaption als Transformation

Der dritte Typus, von Kreuzer in Anlehnung an Irmela Schneider „Transformation" genannt, stellt die Verfilmung als „analoges Werk" vor:

„Transformation soll heißen, daß nicht nur die Inhaltsebene ins Bild übertragen wird, daß vielmehr die Form-Inhalts-Beziehung der Vorlage, ihr Zeichen- und Textsystem, ihr Sinn und ihre spezifische Wirkungsweise erfaßt werden und daß im anderen Medium, in der anderen Kunstart und der anderen Gattung aus einem anderen Zeichenmaterial ein neues, aber möglichst analoges Werk entsteht. Diese Analogie erfordert nicht, daß der Dialog wörtlich genommen wird, im Gegenteil: Sie kann erfordern, daß er geändert wird, um gerade dadurch im Kontext des Films eine analoge Funktion auszuüben."[7]

Kreuzer unterscheidet dabei zwei Akzentuierungen, die man als Untertypen darstellen kann:

„Das Parfum" v. Bernd Eichinger

a) Bei der interpretierenden *Transformation* liegt der Akzent meist auf *Transformation* von Literatur in das filmische Zeichensystem. Dafür gibt es auch Beispiele aus der sonst eher illustrierenden Verfilmung von Jugendliteratur: Ein Beispiel ist Ilse Hofmanns Verfilmung „Die Welt in jenem Sommer" nach dem Roman von Robert Muller. Die Regisseurin setzt hier die Mittel des Zeichensystems Film (dezidierte Kameraführung, analytisch wirkende Montagen, ungewöhnliche Wort-Bild-Ton-Beziehungen, Mischung von filmischem Spiel und Dokumentarmaterial u. a.) dafür ein, das in der Vorlage literarisch gestaltete Bewußtsein des 12jährigen Protagonisten im Sommer 1936 durch Filmsprache zu spiegeln.

Ein anderes Beispiel – zumindest als dominantes Konzept des Films festzustellen – ist Wolfgang Beckers „Vorstadtkrokodile": Hier wird – neben den filmsprachlichen Mitteln im engeren Sinne – vor allem auch mit Filmgenre-Konventionen gearbeitet. Die Krimi- und Westernzitate des Films sind keine dekorativen Schnörkel, sondern semantisch begründete Aussageelemente: Wie im Western fühlen sich in bestimmten Situationen die „Helden" der Vorstadtkrokodile; und gebildet ist dieses Westernbewußtsein und die entsprechenden sprachlichen und körperlichen Verhaltensformen durch die Kinowestern-Rezeption der Jugendlichen.

Daß zu den gelungenen Beispielen dieses Typus auch Verfilmungen gehören, die mit einem Off-Erzähler und einem inneren Monolog – nach landläufiger Meinung sind das eher Bestandteile eines wenig transformierten Adaptionstypus – arbeiten, beweist Cortis' „Eine blaßblaue Frauenschrift" nach der Novelle von Franz Werfel. Und umgekehrt bedeutet der Verzicht auf einen solchen „Inneren Monolog", „Off-Erzähler" o. ä. manchmal gerade das Verfehlen einer gelungenen Transformation der Vorlage: Von der komplizierten Bewußtseinslage des Oberstudienrats Helmut Halm in der Novelle „Ein fliehendes Pferd" von Martin Walser ist in Peter Beauvais' Verfilmung kaum etwas zu erahnen – trotz Walsers wesentlicher Beteiligung am Drehbuch.

b) Die Adaption als *interpretierende* Transformation stellt für Kreuzer einen Sonderfall dar: Die Adaption ist als radikal subjektive Interpretation der Vorlage gestaltet und hält für den Zuschauer

7 *Kreuzer,* 1981, S. 37.

den Akt der Interpretation bewußt. Diesem eher seltenen Typus entspricht am ehesten noch Faßbinders „Effi Briest"-Verfilmung.

4. Adaption als Dokumentation

Dieser Adaptionstyp meint vorwiegend Aufzeichnungen von Theateraufführungen, die auch heute noch gelegentlich im Fernsehen zu sehen sind. Dabei zeigen sich auch hier in letzter Zeit Grenzüberschreitungen. Immer häufiger inszenieren Theaterregisseure die Dokumentation ihrer Inszenierung für das Fernsehen neu, setzen zumindest andere – auf das andere Medium und die veränderten Rezeptionsbedingungen bezogene – Akzente. Ein Vergleich etwa von Peymanns „Hermannschlacht" auf der Bühne (Bochum) und im Fernsehen zeigt deutlich die bewußte Einrichtung des Stückes für die verschiedenen Medien: Die Beziehungsprobleme der Protagonisten sind im Fernsehen viel stärker auf die „Transportschiene" Nah/Großeinstellung ausgerichtet, weniger auf die Körpersprache über weitere Einstellungen wie auf der Bühne. Ähnliches war auch beim Vergleich von Flimms Bühneninszenierung des „Käthchen von Heilbronn" (Köln) mit der Fernsehinszenierung zu beobachten.

Natürlich ist die Zuordnung von Verfilmungen zu den einzelnen Adaptionstypen häufig Interpretationssache; in vielen Fällen gibt es Mischformen bzw. die Typologie läßt sich nur auf Teile einer Verfilmung beziehen. Diese Adaptionstypen wurden jedoch nicht deshalb so ausführlich dargelegt, um ein oft kritisiertes Schubladen-Denken der Literaturwissenschaft auf den Bereich der Literaturverfilmung auszudehnen. Vielmehr soll eine Debatte in zweierlei Hinsicht forciert werden: Einmal führt die Diskussion verschiedene Adaptionskonzepte über die noch weit verbreitete unfruchtbare Alternative Lesen oder Zuschauen hinaus und ermöglicht, ja erfordert sogar differenzierte Untersuchungsmethoden der Verfilmungen. Zum anderen führt die Auseinandersetzung um die verschiedenen Füllungen des Begriffs „Werktreue" ins Zentrum einer Debatte über jene Konzepte, denen die Adaption – bewußt oder unbewußt – folgt: Diese Konzepte sind in erheblichem Maße verantwortlich für die Rezeption der Verfilmungen sowie auf Dauer für die künftige Legitimation der Gattung.

3.2 Die inhaltliche Füllung des Adaptionskonzepts

Für die Kreuzersche Typologie der Adaptionskonzepte ist der Grad der Transformationsleistung das entscheidende Kriterium: Von der „Stoffübernahme" bis zur „interpretierenden Transformation" wird eine hierarchisch aufsteigende Skala entwickelt. Für eine Verständigung über das Gesamtkonzept einer Adaption ist das eine sinnvolle Gliederung. Allerdings sagt diese Typologie nichts über die inhaltliche Seite der jeweiligen Adaption. Innerhalb der jeweiligen Grundtypen gibt es sehr unterschiedliche Relationen von Film und literarischer Vorlage. Die Auflistung solcher – intentionaler oder auch lediglich funktionaler, d. h. nicht absichtlich so organisierter – *Adaptionsarten* dient nun keineswegs der Förderung von Schubladenkategorisierung, sondern soll den Blick schärfen für die Vielfalt und Varietät der Adaptionsformen, zugleich auch die Notwendigkeit, sich intensiv auf den Film gerade in einer vergleichenden Analyse einzulassen, ein weiteres Mal begründen.

Im folgenden werden, ohne Anspruch auf Vollständigkeit, einige häufiger vorkommende Adaptionsformen gezielt und mit Beispielen veranschaulicht, die sich auch gelegentlich mit denen der historischen Typologie berühren.

1. Die aktualisierende Adaption

Bei Klassiker-Inszenierungen aus dem Theater sind Aktualisierungen an der Tagesordnung – bei filmischen Adaptionen kommen sie in expliziter Form nicht so häufig vor. Es gibt natürlich die aktualisierende Adaption, welche die Vorlage ihres historischen Kleides beraubt und die „Story", den Stoff in eine jüngere Zeit transponiert. In gewisser Weise liegt so ein Fall in Plenzdorfs „Die neuen Leiden des jungen W." vor, der ja die Goethesche Vorlage ursprünglich für den Film adaptieren wollte (es lag als Urfassung eine Art Filmscript vor), dann es aber als Theater- und literarisches Prosastück gestaltete, ehe schließlich der Film nach dem Prosastück in Westdeutschland gedreht wurde.

Auch zu Büchners „Woyzeck" gab es vor einigen Jahren eine explizit aktualisierende Adaption: „Wodzeck", eine WDR-Fernsehspiel-Produktion aus dem Jahre 1987, in das heutige Ruhrgebiet transponiert.

Immer steht als Konzept dahinter, einen über den historischen Kontext hinaus für wichtig erachteten Problemkomplex für den Zuschauer in so aktuellem Gewand zu präsentieren, daß dieser die Gegenwartsbedeutung des Problems erkennt. Häufig lassen sich aber die Problemkonstellationen nicht einfach aus ihrem historischen Kontext lösen, ohne sich zu verändern: Es bleiben dann die Fabel, die Grundkomponenten einer Story oder auch nur ein bestimmtes Figurenprofil.

Häufiger als explizite Aktualisierungen sind jedoch partielle, oft verdeckte: So findet nicht jeder auf Anhieb heraus, daß Faßbinders „Lola" auch Elemente einer aktualisierenden Adaption von Heinrich Manns „Professor Unrat" aufweist (Figuren- und Handlungskonstellation), wobei der „Blaue Engel" mit seiner Hauptfigur „Lola, Lola" die sprachliche Brücke darstellt.

2. Aktuell-politisierende Adaption

Wird eine Vorlage so adaptiert, daß sie als Beitrag in eine aktuelle politische Diskussion mit eingreift, so haben wir eine besondere Art der aktualisierenden Adaption vor uns. Ein Beispiel dafür liefert A. Wajdas „Die Affäre Danton" (1983), der mit diesem Revolutionsfilm Stellung nimmt zu der revolutionären Situation in seinem Heimatland Polen. Im „Dritten Reich" gab es des öfteren Beispiele von Instrumentalisierungen literarischer Vorlagen für aktuelle politische Diskussionen. Am bekanntesten ist vielleicht Veit Harlans „Jud Süß" (1940); hier wurde das Thema, das in literarischen Gestaltungen von Wilhelm Hauff (Novelle, 1827) und Lion Feuchtwanger (Roman, 1925) vorlag, drastisch auf die propagandistischen Interessen der Nazis gegen die Juden zugeschnitten.

3. Die ideologisierende Adaption

In allen totalitären Staaten gehört diese Adaptionsart zur Tagesordnung. Schon im Vorfeld des „Dritten Reiches" läßt sich an Oertels „Schimmelreiter" (1933) nachweisen, wie die Stormsche Vorlage im Sinne der heraufziehenden Ideologie völkisch umgesetzt wird: Hauke Haien wird zur idealisierten Führerfigur, das Problem „Landgewinnung" und „Volk ohne Raum" wird filmsprachlich inszeniert.

In der damaligen DDR gab es ebenfalls viele Beispiele für solche intentional ideologischen Adaptionen: Luderers „Effi Briest" von 1967 wurde so in das literaturideologisch herrschende Konzept filmisch eingepaßt. Aber auch wenn keine dezidierte Absicht und kein explizites Konzept dahintersteht, kann eine Verfilmung die Funktion einer „ideologisierenden Adaption" haben. Jugerts „Rosen im Herbst" (1955) spiegelt für uns heute unzweideutig die Ideologie der 50er Jahre wider: Effi ist dort keine Fontane-Figur mehr, sondern eine prüde Frau der Adenauer-Ära.

4. Die historisierende Adaption

„Historisieren" kann in diesem Zusammenhang Verschiedenes heißen: Es kann wertend gemeint sein und bedeuten, das Historische einer Vorlage als Ornament, als geschichtliches Kostüm zu verselbständigen, ohne den historischen Geist eines literarischen Werkes als Vorlage wirklich zu erfassen. So wurden häufig Fontane-Verfilmungen (in der Regel dem Kreuzerschen Typ „illustrierende Adaption" zugehörig) als „historisierend", als einem oberflächlichen Werktreueprinzip verpflichtete Verfilmung negativ kritisiert („Cécile", „Stechlin").

„Historisieren“ kann aber auch heißen: Das spezifisch Historische einer literarischen Vorlage, das gar nicht so auf der Oberfläche liegt, filmisch herauszuarbeiten, es damit in das gegenwärtige Bewußtsein der Rezipienten zu rücken. Ein sehr positives Beispiel dafür stellt Axel Cortis' Film „Eine blaßblaue Frauenschrift“ dar. Was die Werfelsche Novelle gleichen Titels nur skizzenhaft andeutet, arbeitet der Film nicht plakativ, sondern subtil ausführlich heraus: Österreichs Verstrikkung in das faschistische Gedankengut Hitlerdeutschlands schon lange vor der „Heimkehr ins Reich“.

5. Die ästhetisierende Adaption

In gewisser Weise ist Faßbinders „Fontane Effi Briest“ ein positives Beispiel für diese seltene Adaptionsart, da dieser Film nicht nur die semantische, sondern auch die ästhetische Rezeption des Fontaneschen Werkes in einer eigenen filmästhetischen Gestaltung dokumentiert.

Negativ zu bewerten wäre eine Adaption dieser Art, die politische oder historische Merkmale und Strukturen einer Literaturvorlage durch Überbetonung ästhetischer Formen zum Verschwinden bringt. Mit Einschränkungen gehört Fritz Langs Film „Die Nibelungen“ von 1923/24 dazu, der mit seinen ornamentalen Figuren und Strukturen ungewollt sehr früh schon den Nazis ein passendes Paradigma ihrer Vorstellung von „Ästhetisierung der Politik“ lieferte, was sich dann später in Filmen wie Leni Riefenstahls „Triumph des Willens“, aber auch ganz anders in Parteiaufzügen und Massenaufmärschen niederschlug.

6. Die psychologische Adaption

Nicht gemeint sind damit Adaptionen psychologisierender Literaturvorlagen wie etwa Verfilmungen nach Novellen von Stefan Zweig. Manchmal deskriptiv, häufiger jedoch wertend wird der Begriff für solche Verfilmungen herangezogen, welche die psychologischen Aspekte von Personenkonstellationen und Konfliktlösungen deutlich über die Vorlage hinaus, jedoch nicht gegen sie, in den Mittelpunkt stellen. Ein historischer Autor, der häufiger psychologisierende Adaptionen seiner Werke provoziert, ist z. B. Heinrich von Kleist. Eric Rohmers „Die Marquise von O.“ z. B. gerät in manchen Partien schon zu einer psychoanalytischen Studie: die Inzestmotive sind sicher im Kleistschen Text schon angelegt, werden aber erst im Film deutlich akzentuiert.

„Das Käthchen von Heilbronn“ wird von Peter Beauvais als Fernsehfilm psychologisierend aufbereitet, sozusagen enthistorisiert und in den psychologisch orientierten Verarbeitungskontext eines heutigen Massenpublikums „übersetzt“. Damit gehört es auch gleichzeitig zur popularisierenden Adaption.

7. Die popularisierende Adaption

Wie schon das letzte Beispiel von Kleists gezeigt hat, gibt es viele Mischformen. Meistens werden dieser Adaptionsart solche Verfilmungen zugerechnet, die das Verstehen schwieriger, sperriger, an Bildungsvoraussetzungen gebundener Rezeptionen literarischer Vorlagen so bearbeiten, daß ein größeres Publikum ohne weitere Anstrengungen es versteht. Dabei hängt es natürlich von der Strenge der Bewertung ab, wo die zulässige Veranschaulichung aufhört und wo die verfängliche Popularisierung beginnt. Für strenge Literaturkritiker ist jede Verfilmung bereits eine unzulässige Popularisierung. An der Verfilmung von Werken Thomas Manns z. B. lassen sich die verschiedenen Stufen vielleicht veranschaulichen: Werden bei der Verfilmung des „Zauberberg“ die reflektionsorientierten, philosophischen Passagen zugunsten der handlungs- und situationsorientierten stark vermindert, handelt es sich zweifellos um eine Popularisierung. Lassen sich die – episch auch sehr breit angelegten – „Buddenbrooks“ ohne Substanzverlust zu einer vierteiligen Serie umformen? Noch nicht die Serienform allein macht dann aber eine unzulässige Popularisierung aus – auch viele literarische Werke sind als Fortsetzungsromane in Zeitungen und Zeitschriften so popularisiert worden. Die Grenze ist jedoch eindeutig überschritten, wenn etwa der Stormsche „Schimmelreiter" in einer internationalen Koproduktion nur als Handlungsgerüst stehenbleibt, alle schwierigeren Teile der Novelle (Rahmenhandlung, sozialgeschichtliche Hintergründe usw.) zugunsten unterhaltender Elemente beiseite gelassen werden. In diesem Fall, dem Film Weidenmanns von 1978, handelte es sich eindeutig um eine negativ zu wertende popularisierende Adaption.

8. Die parodierende Adaption

Eine seltene Sonderform stellt diese Adaptionsart dar. Sie parodiert eine ernstgemeinte, meist triviale, manchmal auch pathetische Vorlage. Eine ganze Reihe dazu liegt in den Verfilmungen zu Romanen von Hedwig Courths-Mahler vor. Am Beispiel „Griseldis" sei das veranschaulicht. Die Vorlage in ihren geschwollen-gefühligen Dialogen, ihren klischeehaften Landschafts- und Burgbeschreibungen, ihren Schwarz-Weiß-Figurenkonstellationen wird nicht nur filmisch nachempfunden, sondern durch filmsprachliche Mittel zusätzlich intensiviert. Griseldis ist nicht nur schön, jung und blond, sondern goldfarbene Ährenfelder, Geigenharmonien, Vogelgezwitscher u. ä. begleiten jeden ihrer Auftritte – scharf abgegrenzt zum Auftritt der bösen Comtesse Beate, die schwarzhaarig, sinnlich, finster dreinblickend im Hintergrund, sturmumtost, ihre Gegenspielerin darstellt. Im Film wird bei diesen Charakterisierungen immer ein bißchen mehr getan als selbst das Genreklischee hergibt. Sinn dieser parodistischen Adaption ist es, den anspruchsvollen Zuschauer zu amüsieren und zugleich den Trivialkonsumenten zu bedienen.

4 Methoden der Filmanalyse

4.1 Einheiten des Films

Ein Film ist ein großer, komplexer Text, der für den Zuschauer das Rezeptionstempo in der Regel vorschreibt, durch Mise en scène und Montage die Wahrnehmung organisiert und trotz seiner komplizierten Zeichenstruktur meist als organische Einheit erlebt wird. Das alles zusammen macht es schwierig, ihn angemessen zu analysieren. Er muß daher in methodisch bearbeitbare Elemente zerlegt werden, welche die jeweilige Analyseeinheit bilden.

1. Es hat sich eingebürgert, die *Einstellung* als kleinste sinnvolle Einheit eines Films zu definieren. Eine Einstellung ist diejenige Einheit, die durch zwei Schnitte oder Blenden begrenzt ist und einen einheitlichen Kamerablick aufweist. Selbstverständlich zerfällt bei detaillierterer Betrachtung eine Einstellung in noch kleinere Einheiten. Es kann durchaus sinnvoll (und heute auch technisch befriedigend lösbar) sein, das Einzelbild als Standbild zu analysieren, seine visuellen Codes der Mise en scène zu beschreiben und zu interpretieren.

2. Die nächstgrößere Einheit ist die *Filmsequenz* (der Szene auf dem Theater in gewisser Weise vergleichbar). Die Sequenz besteht in der Regel aus einer Reihe verschiedener Einstellungen und faßt diese zu einer inhaltlich sinnvollen Einheit zusammen. Orts-, Zeit- und Figurenwechsel von Sequenz zu Sequenz kommt häufig vor, ist aber keineswegs zwingend. Das Wesentliche ist die inhaltlich-thematische Einheit. Die definitorischen Merkmale sind also abhängig von Interpretationen, so daß die Bestimmung von Sequenzen immer auch individuelle Abweichungen mit sich bringt. Gelegentlich werden auch Einstellungen mit unterschiedlichen Ort-, Zeit- und Figurenaspekten als thematische Einheit zu einer Sequenz zusammengefaßt, häufig durch eine unterlegte Musikuntermalung zusammengehalten. Beispiel dafür ist etwa Luderers Sequenz „Besuch beim Landadel" aus „Effi Briest" (1968), in der ein Jagdhörner-Motiv die einzelnen Einstellungen verschiedener Besuche zu einer einheitlichen Sequenz zusammenfügt.

Eine andere Variante ist die *Plansequenz,* die aus einer einzigen, meist längeren Einstellung besteht. Faßbinders „Fontane Effi Briest" z. B. zählt eine ganze Reihe von Plansequenzen. (Zur Verknüpfung der Sequenzen vgl. das Kapitel „Montage", S. 40.)

4.2 Hilfsmittel der Filmanalyse

Sequenzplan

Um der Zeichenstruktur eines Films gerecht zu werden, ist es nötig, ihn sowohl als ganzen (Makroanalyse) als auch, zumindest exemplarisch, an ausgewählten, für die jeweilige Fragestellung relevanten Einstellungen bzw. einzelnen Sequenzen im Detail (Mikroanalyse) zu untersuchen. Für die Arbeit mit dem Großtext „Film" überhaupt sowie auch für die Makroanalyse unter bestimmten inhaltlichen Fragestellungen ist als Arbeitsgrundlage ein Sequenzplan unerläßlich. Dieser kann – je nach Verwendungsintention – schon in ganz einfacher Form hilfreich sein: Nummer der Sequenz und Stichwort zum Sequenzinhalt schaffen bereits Übersicht, erleichtern das Aufsuchen einzelner Sequenzen für Mikroanalysen und geben Hinweise auf die Makrostruktur des Films.

Der Verfeinerung des Sequenzplans, dessen Anfertigung durch die Interpreten ohne großen Aufwand auch selbst vorgenommen werden kann, könnte notwendig werden. Eine Zeitleiste kann hinzutreten, um damit die zeitlichen Schwerpunktbildungen des Films, die Akzentuierung bestimmter Schauplätze oder Figuren, auch den Rhythmus des Films zumindest grob interpretierbar zu machen.

Die Sequenzinhalte können in vielfältiger Weise differenzierter dargestellt werden. Sie können sprachlich weiter ausgeführt, aber auch durch signifikante Einzelbilder veranschaulicht werden. Letzteres hat z. B. Joachim Paech bei seinem Sequenzplan zu Szabós „Mephisto" (nach dem Roman von Klaus Mann) getan. Er nennt die Szenenfotos, die er den einzelnen Sequenzen zusätzlich zur sprachlich gefaßten Inhaltsangabe beigefügt hat, „Merkzeichen, die die Erinnerung an einen transitorischen Text stärken sollen".[1]

Ein einfaches, aber nützliches Hilfsmittel ist eine parallel zur Sequenzliste laufende Kommentarspalte, wie sie allen Sequenzplänen der Reihe „Film und Literatur" (Diesterweg) beigefügt ist. Hier können analytische Beobachtungen auf verschiedener formaler und inhaltlicher Ebene – vielleicht auch im Unterricht als Aufgaben verteilt – notiert werden.

Ein ausdifferenziertes Filmprotokoll (mit den Leisten Bild/Kamera/Sprache/Sprecher/Ton/Zeit), das weit über einen Sequenzplan hinausgeht, liegt in den seltensten Fällen für einen ganzen Film gedruckt vor und ist auch nur unter großem Zeitaufwand selbst anzufertigen. Für die mediendidaktische Arbeit in Schule und Hochschule ist der Aufwand dafür in der Regel zu groß, ein solches Filmprotokoll kann auch selten wirklich angemessen ausgewertet werden.

Für systematische Untersuchungen, insbesondere solche mit strukturalistischem Zugriff, ist das genaue Filmprotokoll, das „sound and shooting transcript", wie Faulstich ausführlich begründet hat[2], unerläßlich. Inzwischen gibt es auch rechnergestützte Filmprotokolle: Einzelne Medienwissenschaftler (so z. B. Günter Giesenfeld von der Universität Marburg mit seinem „Filmprot") haben Software-Pakete entwickelt, die eine präzise Protokollierung und eine vor allem strukturalistische Auswertung ermöglichen. Dann sind Verteilungskurven von Einstellungsgröße, Perspektive, Montageprofile u. a. m. schnell auch grafisch darstellbar. Die Eingabe allerdings ist sehr zeitaufwendig und setzt bereits filmsprachliche Erfahrungen des Codierers voraus.

Transkripte von einzelnen Einstellungen/ Sequenzen

Vom Aufwand und interpretatorischem Ertrag her berechtigter sind genaue Protokollierungen als aussagerelevant eingestufter Einstellungen oder Sequenzen, wie sie auch in vielen Einzelanalysen von Filmen und Literaturverfilmungen eingesetzt werden. Das selbständige Herstellen solcher Transkripte mit mindestens vier Leisten (Zeit, Bild, Sprache, Ton) ist schon ein Bestandteil der Analyse selbst. Die Notwendigkeit, eine Filmeinstellung in ihre verschiedenen Zeichensysteme zu zerlegen und diese dann in ihren Beziehungen untereinander zu bestimmen, schärft die Wahrnehmung gerade solcher visueller und auditiver Codes, die für die Bedeutungskonstitution und die Rezeptionslenkung entscheidend mitverantwortlich sind und die man bei der häufigen Fixierung auf Inhalte (Personen und Handlung) als Rezipient kaum bewußt registriert.

Damit wird auch klar, daß die Leiste Bild, auch Bildtrakt genannt, sich nicht auf den Bildinhalt beschränken darf, sondern die Kameraoperationen, Bildgrößen u. a. m. miterfassen muß. Hilfreich ist dabei die Einführung von Szenenfotos (heute technisch schon leichter herstellbar als Videoprint mit einem entsprechenden Gerät), die gleichzeitig Bildinhalt und Kameraführung repräsentieren und zugleich in Erinnerung rufen, daß ein Transkript nur ein recht rohes Hilfsmittel für die Analyse des Films selbst ist.

Manchmal – wie etwa bei „High noon" in der Sequenz „Vor dem Showdown" – ist auch eine nur durch ausgewählte typische Bilder repräsentierte Einstellungsfolge sinnvoll: Sie ermöglicht die Bestimmung der Montagetechnik des Films,

1 *Paech,* 1984, S. 85–99; Zitat S. 86.
2 *Faulstich,* 1988, S. 16f. Es gibt gelegentlich veröffentlichte Transkriptionen von Filmen: So ist in unserem Zusammenhang das Transkript von *Andrea Park* zu Schlöndorff/von Trotta: „Die verlorene Ehre der Katharina Blum" (Tübingen: Narr 1981) von Bedeutung.

die Analyse der Bedeutungskonstitution durch Montage.[3] Paech hat in seiner „Mephisto"-Analyse auch demonstriert, wie ergiebig die Interpretation einzelner Schnitte sein kann.[4]

Da wir uns auf den Film selbst konzentrieren, soll auf die Bedeutung von Produktionsunterlagen (Exposés, Treatments, Drehbücher, Strichfassungen) hier nicht weiter eingegangen werden. Daß solche Texte ebenso wie Rezeptionsdokumente (Pressekritik, Kino- und Fernsehdaten, Zuschauerpost usw.) ergiebige Hilfsmittel für eine das Medienfeld erfassende Analyse sein können, ist selbstverständlich (vgl. dazu Kapitel 1).

Vergleich Sequenzliste – Szenografie

Es kann analytisch sinnvoll sein, Aufbau und Handlung eines Films und seiner literarischen Vorlage mit Hilfe einer Synopse zu vergleichen. Da man bei den filmsprachlichen Detailanalysen die Makrostruktur eines Films leicht aus dem Auge verlieren kann, lassen sich mit einem solchen selbst herzustellenden Hilfsmittel häufig schon auf einen Blick Gemeinsamkeiten und Differenzen beobachten. So hat zum Beispiel eine Synopse von Sequenzliste und Szenografie zum DDR-Film „Schach von Wuthenow" (Regie: Engel, 1976) einerseits den Eindruck weitgehender Werktreue bestätigt, andererseits aber auch sichtbar gemacht, daß eine Tendenz im Film sich auf dieser stofflichen Ebene zeigt: Das Historisch-Politische wird über das im Roman Verzeichnete hinaus für den Zuschauer akzentuiert, der Zusammenhang des Privaten mit dem Öffentlichen stärker als historisch authentisch fundiert.[5]

Ein anderes Beispiel nutzt die Synopse zur Untersuchung von Erzähl- und Handlungsstruktur der Expositionen (siehe S. 56; hier ist das Drehbuch noch hinzugekommen)[6]: Auf einen Blick wird die Differenz der Erzählstruktur von Bölls Erzählung und Schlöndorffs Verfilmung „Die verlorene Ehre der Katharina Blum" erkennbar. Aus der durch Reflexionen des Erzählers bestimmten literarischen Exposition ist der Beginn eines Agententhrillers geworden.

4.3 Filminterpretation

Im Rahmen dieses Bandes, der sich ja zum Ziel gesetzt hat, Begriffe und Elemente der Filmsprache als Fundament der Filmanalyse vorzustellen, geht es vor allem um die Instrumente der Filmanalyse: Diese „sind bestimmte Techniken, einzelne Arbeitsschritte, bestimmte Versuchsanordnungen, detaillierte Zugriffe"[7]. Zwar stellt Faulstich zu Recht fest, daß die filmanalytisch gewonnenen Befunde erst einen Sinn machen und funktional werden, wenn ein methodengeleiteter Interpretationsansatz das Erkenntnisinteresse bestimmt.[8] Welche Interpretationsmethoden oder Methodenkombinationen jedoch interessant und ergiebig sind, hängt vor allem vom untersuchten Film, zugleich aber auch vom Erkenntnis- und Diskussionsstand der Lerngruppe bzw. des Interpreten ab. So macht es wenig Sinn, Schlöndorffs „Katharina Blum" nur genrespezifisch („Agententhriller") zu untersuchen; eine Kombination verschiedener Methoden (politisch-soziologisch, rezeptionsanalytisch, genrespezifisch, semiotisch) würde der Mehrdimensionalität des Films eher gerecht als ein monomethodischer Zugriff.

In diesem Sinne haben die oben vorgestellten Einheiten und Hilfsmittel der Filmanalyse wirklich Hilfscharakter. Sie sollen – im Rahmen einer problemorientierten Fragestellung, eines inhaltlich bestimmten Erkenntnisinteresses – helfen, den Film in seinen wichtigsten Dimensionen erst einmal angemessen zu beschreiben und in kleinen Schritten zu analysieren. Mit den so gewon-

3 Vgl. Lesebuch 8, hrsg. v. *Dieter Mayer* und *Fritz Winterling*. Frankfurt/M. 1986 (Diesterweg), S. 200–204.
4 *Paech*, 1984, S. 114–121.
5 *Wolfgang Gast*, Verfilmte Literatur im Fernsehen: Fontanes ‚Schach von Wuthenow' als DDR-Fernsehspiel. In: *W. Seifert* (Hrsg.), Literatur und Medien in Wissenschaft und Unterricht. Festschrift für Albrecht Weber. Köln/Wien 1987, S. 275–284.
6 Vgl. dazu „Film und Literatur", Bd. 1.

7 *Faulstich*, 1988, S. 11.
8 *Faulstich*, 1988, S. 12.

Synopse der Expositionen („Katharina Blum“)

Buch	*Drehbuch*	*Film*
1. Vorbemerkungen zur Methode des Berichts	Friedhofssequenz	Insert: Mittwoch, 05. Februar
2. Methodische Anmerkungen	Ankunft Göttens mit der Rheinfähre	Vorspann/Ankunft Ludwig Göttens mit der Rheinfähre
3. Darlegung der Tatsachen	Im Café Polkt	Im Café Polkt
4. Überprüfung des Mordes am Bildjournalisten Schönner	Autofahrt zur Party bei Else Woltersheim	Autofahrt zur Party bei Else Woltersheim
5. Überlegungen eines Karnevalsfunktionärs und Sekthändlers über Tat und Stimmung	Party in der Wohnung von Else Woltersheim	In der Wohnung bei Else Woltersheim
6. Verhalten der ZEITUNG nach Tod von Tötges	Beizmenne fordert „Zäpfchen“ (Abhöranlage) an	Beizmenne fordert „Zäpfchen“ (Abhöranlage) an
7. Bilanz der Eigentumsverhältnisse Katharinas	Fortsetzung Party in der Wohnung Woltersheim	Observierung Katharinas und Ludwigs
8. Bericht über Recherchen über Katharinas Tätigkeiten bis zur Party		
9. Recherche über Tanz mit Ludwig Götten auf der Party		
10. Hinweis auf Staatsanwalt Hach, der Beizmennes Abhöraktion („Zwei Zäpfchen“) mitteilte		

nenen Befunden lassen sich dann Hypothesen bestätigen oder widerlegen, Erkenntnisse belegen und dokumentieren – sie werden auf diese Weise nachprüfbar und nachvollziehbar.

Es besteht – insbesondere beim Gegenstand Literaturverfilmung – eine starke Wechselbeziehung zwischen literaturwissenschaftlichen und medienwissenschaftlichen Methoden der Filmanalyse. Das ist so lange kein Problem, wie nicht versucht wird, literaturwissenschaftliche Methodik plan und direkt auf den Film zu übertragen. Nicht zufällig nennt Werner Faulstich seinen Methodenband „Die Filminterpretation“; seine Überblicksliste der vorgestellten Methoden[9] wird jedem Literaturwissenschaftler bekannt vorkommen, aber Faulstich macht in seiner Demonstration dann auch deutlich, daß einerseits filmspezifische Kategorien – gleich der erste strukturalistische Zugriff ist da Programm – angemessen heranzuziehen sind, daß andererseits für eine Film*interpretation* ein Methodenpluralismus im Sinne einer Kombination von Methoden für den jeweiligen Gegenstand und die jeweilige Fragestellung den geeigneten Zugang darstellen.[10]

9 Aus: *Faulstich*, 1988, S. 14.
10 *Faulstich*, 1988, S. 90 f.

Tabelle: Überblick über Methoden der Filminterpretation

Methode	*Fallbeispiel*	*Theorie*
1. Der strukturalistische Zugriff	»Airport«	Der Spielfilm als autonomes Werk
2. Die biographische Filminterpretation	Steven Spielberg	Der Film als Werk des ›auteurs‹
3. Die literatur-/filmhistorische Interpretation	»Apocalypse Now«	Der Film als Traditionsverweis
4. Die soziologische Filminterpretation	»Jimmy« und »Love Story«	Der Film als Manifestation von Gesellschaft
5. Die psychologisch-psychoanalytische Filminterpretation	»Alien«	Der Spielfilm als Traum
6. Die genrespezifische Filminterpretation	Vampirfilm	Der Film als autonomes Werk im konventionalisierten Muster

Dabei ist durch den Begriff „Filminterpretation" bereits eine Einschränkung vorgenommen. Es geht hier immer um qualitative Methoden, um hermeneutische Zugriffe. Der in der Massenkommunikationsdiskussion übliche Begriff „Inhaltsanalyse" meint nämlich in der Regel einen quantitativen Zugang: Es werden manifeste Merkmale eines Films bestimmt, ausgezählt, kreuztabelliert usw. Der sich in jüngster Zeit unter dem Stichwort (Neo-)Konstruktivismus (vgl. Funkkolleg „Kommunikation", 1991) anbahnende Paradigmenwechsel der Kommunikationswissenschaft und Publizistikwissenschaft zu stärker hermeneutisch-qualitativen Verfahren ist eine zusätzliche Bestätigung dafür, daß die in den Geisteswissenschaften gepflegten qualitativen Methoden so obsolet nicht sind. Im Gegenteil: Auch die empirische Kommunikationswissenschaft drängt immer stärker auf ein sogenanntes Multi-Methoden-Design bei Untersuchungen, also eine Kombination von qualitativen und quantitativen Methoden. Auch rezeptionsanalytische Verfahren sind stark literaturwissenschaftlich bestimmt. Begriffe wie „impliziter Leser", „Erwartungshorizont", „Leerstellen" und andere Identifikationsrollen usw. lassen sich ohne größere Schwierigkeiten auf die Untersuchung des Wirkungspotentials von Filmen und der Filmwahrnehmung übertragen.

5 Handlungsdramaturgie und Erzählstruktur

Für die Mikroanalyse muß sich der Blick auf die Hauptkonstituenten eines Films richten, die allerdings nicht filmspezifischer Art sind, sondern schon aus der Analyse verschiedener literarischer Gattungen (Drama, epische Gattungen) bekannt sind.

Wichtige Konstituenten sind[1]:

Stoff
Thema
Genre
Fabel/Mythos
Figuren (Motivation, Konflikt, Konstellation)
Handlungsführung
Erzählhaltung

Häufig ist schon die Analyse des *Stoffes* als Ausgangsmaterial für die spezifische filmische Bedeutung lohnend – mit „Stoff" ist hier das noch nicht endgültig geformte und bearbeitete Rohmaterial gemeint, zum Beispiel der Stoff germanischer Heldensagen.

Etwas geformter ist schon die *Fabel*, etwa der *Mythos* der Nibelungen. Hier ist schon vieles festgelegt: Gunter wirbt mit Siegfrieds Hilfe um Brunhild, Siegfried wird von Hagen getötet, die Burgunder sterben am Hofe Attilas usw.

Wenn dieser Mythos als Vorlage zum Beispiel des Films „Die Nibelungen" von Fritz Lang (1923/24) betrachtet wird, so hat dieser unmittelbar nach dem 1. Weltkrieg in Deutschland eine ganz bestimmte Formung: Er ist schon damals der Lieblingsmythos nationalistischer Kreise, sinnfällige Fabel der Dolchstoßlegende, mit einem Wort: vollgesogen mit Ideologie. Fritz Lang hätte den Mythos im Film schon energisch gegen den Zeitgeist gestalten müssen, um nicht in den Sog der darin enthaltenen Ideologeme zu geraten.

Thema ist die begriffliche Abstraktion der Handlung bzw. des Problemfeldes. Themen in Langs „Nibelungen"-Film etwa wären: der Einzelne und die Masse, Treue und Gehorsam, freie Entscheidung und Schicksal.

Ein wichtiges Element des Films ist die Handlungsführung, die meistens unter dem Stichwort „Handlungsdramaturgie" einen zentralen Aspekt der Filmanalyse darstellt.

Der Begriff „Handlungsdramaturgie" wird vielen, auch wenn sie noch nie mit Filmanalyse zu tun hatten, bekannt vorkommen: Es ist ein Begriff aus der Poetik bzw. aus der Theorie des Dramas. Nun hat der Film mit dem Drama einiges gemeinsam: Er lebt von situativen Darstellungen, ist in Sequenzen geordnet (wie das Drama in Szenen) und hat häufig eine Handlungsführung, die der klassischen Dramenstruktur angenähert ist.

Der Film ist jedoch gleichzeitig auch episch. Er erzählt, das heißt er hat eine Erzählhaltung, eine Erzählperspektive, entwirft – analog zu den Leserrollen erzählender Literatur – Zuschauerrollen. Diese Zuschauerrollen sind im Film auf verschiedenen Ebenen so angelegt, daß der Rezipient sich unbemerkt gedrängt fühlt, sie zu übernehmen (Identifikation mit Protagonisten, Distanzierung gegenüber bestimmten Werten oder Positionen u. ä.).

Unter „Dramaturgie" versteht man die Lehre von Wesen, Wirkung und Formgesetz des Dramas. Dramaturgisch betrachtet ist der Film darauf ausgerichtet, die Aufmerksamkeit und Zuwendung des Zuschauers zu gewinnen, zu erhalten und zu steigern. Dazu muß ein filmsprachliches Spannungsfeld aufgebaut werden, welches vor allem auf eine starke emotionale Zuwendung des Zuschauers abzielt.

Ein wichtiges Mittel ist der Aufbau von Identifikation des Zuschauers mit einer oder mehreren Hauptfiguren des Films, manchmal auch die Verstärkung von Gefühlsprojektionen auf Figuren, die Unterstützung von Distanzierungsstrategien u. a. m.

1 Vgl. *Kuchenbuch*, 1978, S. 131 ff.

Handlungsverlauf in der Franz'schen Pyramide

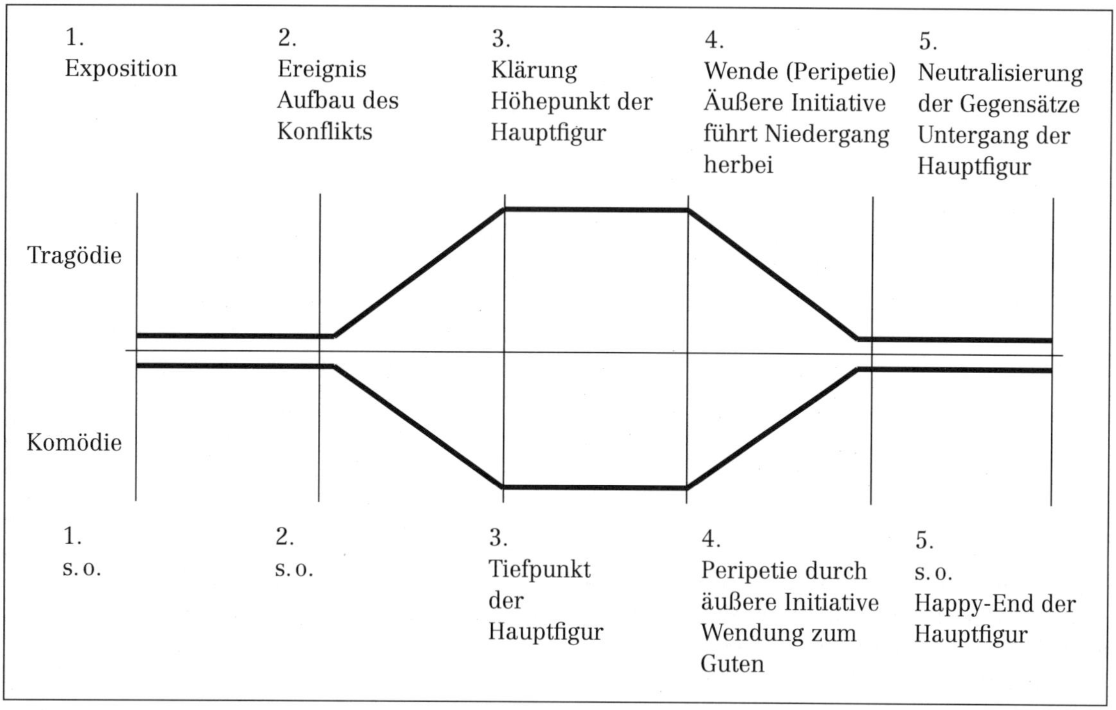

Ein bewährtes, an der aristotelischen Poetik orientiertes traditionelles Modell für einen dramaturgisch gegliederten Aufbau ist die „Franz'sche Pyramide" (1898), die nicht von ungefähr bei mehreren Filmanalytikern wieder zu Ehren gekommen ist.[2]

Nun ist dieses historische Modell ja keine willkürliche Setzung gewesen, sondern ein quasi evolutionäres Entwicklungsergebnis der Anpassung dramatischer Kunst an erfolgreiche Wahrnehmungsbedingungen und Verarbeitungsmodi des Publikums. Kuchenbuch[3] weist zu Recht darauf hin, daß nach lerntheoretischen Gesichtspunkten die Funktionsverteilung der einzelnen Akte positiv zu beurteilen ist. Die Spannungsdramaturgie der Handlung werde durch dieses Schema ausgezeichnet austariert, die nachlassende Konzentration durch Reizerneuerung im 4. Akt stimuliert.

Wie modern dieses Schema ist, belegen auch Makroanalysen neuerer Verfilmungen. Schlöndorff veränderte zum Beispiel die epische Handlungsführung Bölls (der ja ganz im Sinne Brechts sich aufbauende Identifikation immer wieder unterbrach und verfremdete) in „Die verlorene Ehre der Katharina Blum" handlungsdramaturgisch im Sinne des o. a. Modells: Faulstich hat die fünf Teile (= 5 Tage) der Handlung als „chronologische 5-Akt-Struktur gemäß der klassischen Tragödie" genauer beschrieben.[4]

Eine besondere Bedeutung für die Rezeptionssteuerung eines Films haben die Gestaltung der *Figuren* und auch die *Figurenkonstellation*. Diese

2 *Kandorfer*, 1978, S. 222.
3 *Kuchenbuch*, 1978, S. 160f.

4 *Werner Faulstich*, Kritische Randbemerkungen... In: Diskussion Deutsch, Heft 78, 1984, S. 449–454.

sind auch in Literaturverfilmungen bei der Transformation von einem Medium in das andere keineswegs ohne Spielraum in der Gestaltung. Einerseits sind fast immer Reduktionen nötig, so daß die Figurenkonstellation Parteien im Film häufig deutlicher konturiert als in der literarischen Vorlage; und andererseits liegt vor allem in der quantitativen und qualitativen Präsentation von Figuren die dramaturgische Entscheidung des Regisseurs.

So präsentiert A. Wajda etwa in seinem Film „Die Affäre Danton" die beiden Antagonisten Robespierre und Danton keineswegs als zwei gleichberechtigte Figuren, über deren Motive, Werthaltungen und Glaubwürdigkeit sich der Zuschauer ein eigenes Urteil bilden soll und kann. Der Film nimmt eindeutig Partei für Danton und tut auf der Darstellungsebene viel dafür, daß ihm der Zuschauer hierin auch folgt.

Natürlich gibt es gelegentlich in Filmen einen Off-Erzähler, aber das gilt vielen Regisseuren als „unfilmisch" und kommt in anspruchsvollen Verfilmungen von Literatur nur selten vor (und wenn, dann konzeptionell besonders begründet wie in Faßbinders „Fontane Effi Briest" oder in Axel Cortis Werfel-Verfilmung „Eine blaßblaue Frauenschrift"). So wie man im Roman die Erzählperspektive sprachanalytisch herauspräparieren muß, ist auch im Film eine entsprechende Interpretation der filmsprachlichen Mittel notwendig: Das Zusammenspiel von Kameraführung, Schnitt, Achsverhältnissen usw. ergibt die Erzählperspektive, die ein Film einnimmt. Auch diese kann – wie im Roman – panoramatisch, personal oder ich-perspektivisch sein.

Die Erzählperspektive eines Films zeigt sich in besonderer Weise in der Darstellung von Figuren in Situationen; dabei kommt der filmsprachlichen Präsentation dieser Figuren eine besondere Bedeutung zu. Dennoch ist über den Darstellungsmodus hinaus Erzählhaltung immer auch inhaltlich mitbestimmt. Wird uns „Effi Briest" in Luderers gleichnamiger Verfilmung von 1968 immer wieder als Opfer der preußischen Gesellschaft präsentiert – die satirisch überzeichnete Adelsgesellschaft amüsiert sich und Effi sitzt traurig und allein abseits –, so drückt sich unter anderem darin die Erzählhaltung des Films aus: Die Wahrnehmungssteuerung des Zuschauers – Parteinahme für das Opfer Effi, Verachtung und Distanz zum Adel als Täter – wird erzähltechnisch vororganisiert, inhaltlich „unterfüttert".

Bei Faßbinders „Fontane Effi Briest" von 1974 finden wir streckenweise einen Off-Erzähler, der panoramatisch-souverän auch die Geschichte von Effi erzählt. Er thematisiert dabei das filmische Erzählen durch die künstlich-künstlerische filmsprachliche Präsentation (Weißblenden, Einfrieren des Bildes, Spiegel-Motivik usw.). Dem Zuschauer muß dabei klarwerden, daß er *eine* Lesart, eine individuelle Perspektive auf Effi präsentiert bekommt.

Am verbreitetsten sind jedoch zweifellos jene Erzählhaltungen im Film, in denen alles getan wird, um beim Zuschauer die Illusion des Dabeiseins, der Augenzeugenschaft zu befördern – ihn gerade nicht durch Filmsprache daran zu erinnern, daß hier eine Geschichte erzählt wird (personale Erzählsituation).

für den Regisseur wichtig
+ Zuschauer muss aus der Handlung, den Einstellungen und den Sequenzen seine Meinung verstehen und nachvollziehen
+ nicht durch Off-Erzähler

6 Kommentiertes Literaturverzeichnis

Albersmeier, Franz-Joseph/Roloff, Volker (Hrsg.): Literaturverfilmungen. Frankfurt/M. 1989 (= suhrkamp taschenbuch materialien Bd. 2093)

Eine Sammlung von Analysen bedeutender Literaturverfilmungen, gegliedert nach Herkunft der literarischen Vorlagen (deutschsprachiger, angloamerikanischer und romanischer Bereich). Mit einem einleitenden Forschungsbericht zur Geschichte der Adaptionsproblematik (Albersmeier) und einer sehr ausführlichen und gut gegliederten „Auswahlbibliografie zur Literaturverfilmung" (ca. 20 Seiten).

Albersmeier, Franz-Joseph (Hrsg.): Texte zur Theorie des Films. Stuttgart 1979 (= Reclams UB 9943)

Eine Textsammlung, die Filmtheorien im historischen Wandel – von Vertov bis in die 60er Jahre unseres Jahrhunderts (Eco, Metz, Peters) – dokumentiert.

Berg, Helmuth O.: Fernsehspiele nach Erzählvorlage. Düsseldorf 1972 (= Literatur in der Gesellschaft, Band 2, Bertelsmann Universitätsverlag)

Ein zwar schon älterer, aber nach wie vor wichtiger Versuch, die Veränderungen bei der „Umwandlung von Erzählwerken in Fernsehspiele" sowohl quantitativ als auch qualitativ in wichtigen Dimensionen (Stoff, Handlungsablauf, Dialog, Erzähler) zu beschreiben.

Denk, Rudolf (Hrsg.): Texte zur Poetik des Films. Stuttgart 1978 (= Reclams UB 9541)

Ein handlicher Reader, der die Entwicklung des Films vom Kinematographentheater bis in die 70er Jahre anhand von filmtheoretischen und -poetischen Texten spiegelt.

Faulstich, Werner: Einführung in die Filmanalyse. Tübingen 1978 (Literaturwissenschaft im Grundstudium, Bd. 1, G. Narr)

Eine systematisch-theoretische Einführung, die ihren Gegenstand nach Problemfeldern geordnet entfaltet: von allgemeinen Kommunikationsmodellen über die Problemfelder „Filmsprache" und „Filminhalte" bis hin zur „Rezeption". Jeweils vorweg formulierte Groblernziele und ein Testbogen am Schluß zur Lernzielkontrolle demonstrieren den didaktischen Ansatz des Buches.

Faulstich, Werner: Die Filminterpretation. Göttingen 1988 (= Kleine Vandenhoeck-Reihe Bd. 1537)

Eine systematisch gegliederte Übersicht verschiedener Interpretationsansätze (strukturalistisch, biografisch, literatur- und filmhistorisch, soziologisch, psychologisch, genrespezifisch), die an jeweils einem einschlägigen Beispiel exemplifiziert werden.

Faulstich, Werner und Inge: Modelle der Filmanalyse. München 1975 (= Kritische Information, Bd. 57, Fink)

An zwei „Modellen" – Viscontis „Tod in Venedig" und Curtiz' „Casablanca" – werden exemplarische Filmanalysen, eingeschlossen Detailuntersuchungen wichtiger Sequenzen, durchgeführt.

Hickethier, Knut: Das Fernsehspiel der Bundesrepublik. Themen, Form, Struktur. Theorie und Geschichte 1951–1977. Stuttgart 1980

Die bislang einzige systematisch aufgebaute Monografie des Genres, die sowohl quantitative Daten wie auch qualitative Analysen so präsentiert und interpretiert, daß ein plastisches Bild der Geschichte des Fernsehspiels wie auch seiner vielfältigen Aspekte und Probleme entsteht.

Kandorfer, Pierre: Lehrbuch der Filmgestaltung. Theoretisch-technische Grundlagen der Filmkunde. Köln, Lövenich 1978

Versuch einer umfassenden Systematik der Filmsprache mit einem deutlichen Akzent auf Gestaltung und einer Schwerpunktbildung bei den technischen Grundlagen und Aspekten.

Kanzog, Klaus (Hrsg.): Erzählstrukturen – Filmstrukturen. Erzählungen Heinrich von Kleist und ihre filmische Realisation. Berlin 1981

Eine ganz auf Kleist-Verfilmungen konzentrierte Sammlung von Einzelanalysen (Der Findling, Das Erdbeben in Chili, Die Marquise von O.), die von zwei Beiträgen des Herausgebers umrahmt werden: einer theoretischen Einführung, die Kanzogs filmphilologische Methode näher erläutert, und einer sehr genauen Bibliographie zu „Heinrich von Kleist und der Film".

Kreuzer, Helmut: Medienwissenschaftliche Überlegungen zur Umsetzung fiktionaler Literatur. Motive und Arten der filmischen Adaption. In: E. Schaefer (Hrsg.): Medien und Deutschunterricht. Vorträge des Germanistentags Saarbrücken 1980. Tübingen 1981 (= Medien in Forschung und Unterricht B 2, Niemeyer), S. 23–46

Ein grundlegender Aufsatz zum Thema „Literaturverfilmung", in dem der Versuch einer Systematik von Typen der Literaturverfilmung überzeugend unternommen wird.

KUCHENBUCH, THOMAS: Filmanalyse. Theorien, Modelle, Kritik. Köln 1978

Ein wichtiges filmanalytisches Buch, das sich in zwei Teile gliedert: Teil I entfaltet die Voraussetzungen der Filmanalyse sowie eine Systematik des Films als genuines Zeichensystem (mit einer eigenen theoretischen Akzentuierung), Teil II demonstriert Kuchenbuchs filmanalytische Verfahren an drei Modellen (Dokumentarfilm, Werbespot und Western).

MONACO, JAMES: Film verstehen. Kunst, Technik, Sprache. Geschichte und Theorie des Films. Reinbek 1980 (= rororo handbuch Bd. 6271)

Ein Klassiker unter den Handbüchern zur Filmtheorie; hier werden – mit zahlreichen Fotobelegen aus dem internationalen Film – filmtechnische, -sprachliche, -geschichtliche und im engeren Sinne filmtheoretische sowie -ästhetische Grundlagen auf anspruchsvollem Niveau vermittelt. Besondes bemerkenswert: Eine gut gegliederte Bibliografie sowie ein Lexikon der einschlägigen Fachbegriffe runden das Handbuch ab.

PAECH, JOACHIM (Hrsg.): Film- und Fernsehsprache. Frankfurt/M. 1975 (= Kommunikation/Sprache. Materialien für den Kurs- und Projektunterricht, Diesterweg)

Im 1. Teil eine systematisch gegliederte Textsammlung zur Filmtheorie und Filmsprache, die von Knut Hickethiers kleinem „Lexikon der Grundbegriffe der Film- und Fernsehsprache" abgeschlossen wird, einem für den ersten Überblick sehr nützlichen Beitrag. Den 2. Teil bilden Textausschnitte zur „Analyse der Film- und Fernsehsprache", die Problemzonen wie auch einzelne wichtige Mediengenres (Nachrichten, Feature, Unterhaltungsserien) umfassen.

PAECH, JOACHIM: Literatur und Film: Mephisto. Einführung in die Analyse filmischer Adaptionen. Ein Arbeitsbuch für gymnasiale Oberstufe. Frankfurt/M. 1984 (= Texte und Materialien zum Literaturunterricht, Diesterweg)

Paech stellt „Mephisto" nach einer theoretischen Textsammlung zum Thema „Adaption" als Fallstudie dar: Er dokumentiert die historischen und biografischen Hintergründe von Buch und Film und legt dann einen neuen Analyseansatz vor, der die beiden Medien über jeweilige Rezeptionsprozesse („Lektüren") angemessener miteinander vergleichen will. Den Abschluß bildet ein recht genaues Protokoll von Szabós Filmsequenz „Faust-Aufführung, Loge mit Ministerpräsident, Begegnung mit Mephisto-Darsteller Hendrik Höfgen", wobei wichtige Schnitte in ihrem Aussagepotential kommentiert werden.

SCHNEIDER, IRMELA: Der verwandelte Text. Wege zu einer Theorie der Literaturverfilmung. Tübingen 1981 (= Medien in Forschung und Unterricht A 4, Niemeyer)

Versuch einer systematischen Theorie der Literaturverfilmung mit starker semiotischer Fundierung. I. Schneider hat vor allem den Begriff Transformation in die Diskussion eingeführt, der bei den Funktionsbestimmungen von Literaturverfilmungen seitdem eine wichtige Rolle spielt.

WITTE, KARSTEN (Hrsg.): Theorie des Kinos. Frankfurt/M. 1972 (= edition suhrkamp 557)

Ein Reader, der Texte zu einer Theorie des Kinos, weniger des Films versammelt. Die Einteilung folgt einer thematischen Systematik: Strukturen der Gewalt, sowjetische Kinematographie, Filmästhetik, Kinotheorie, Ideologie und Film sind die Problemkomplexe, unter denen viele einschlägige theoretische Texte abgedruckt werden.

WOLFF, JÜRGEN: Literaturverfilmungen. Teil I: Einführung in Didaktik. Teil II: Materialien und Dokumentation. Hrsg. v. Landesbildstelle Württemberg. Stuttgart 1983/1984

Eine handliche, mit unterrichtsrelevanten Beispielen arbeitende Einführung; Band II enthält Sequenzlisten zu curricular begründeten Verfilmungen sowie kurzgefaßte Vorschläge für einen Text-Film-Vergleich.

Filmlexika

Aus der ansehnlichen Zahl von auf dem Markt befindlichen Filmlexika sind im folgenden drei herausgegriffen und vorgestellt.

GREGOR, ULRICH/PATALAS, ENNO: Geschichte des Films.
Bd. 1: 1895–1939, Reinbek 1976
Bd. 2: 1940–1960, Reinbek 1976
Bd. 3: ab 1960, Reinbek 1983
(rororo handbuch 6193, 6194, 6293)

Dieses häufig als Standardwerk der beiden Filmkritiker und -historiker apostrophierte dreibändige Werk ist eine Mischung aus darstellender Analyse und Nachschlagewerk. Es ist in filmhistorische Abschnitte gegliedert und nach Nationalitäten geordnet. Mehrere Register (Personen, deutsch- und fremdsprachige Filmtitel) erschließen die Bände lexikalisch. Filmabbildungen (zum Teil in Einstellungsfolgen) veranschaulichen den Text.

Holba, Herbert u. a.: Reclams deutsches Filmlexikon. Filmkünstler aus Deutschland, Österreich und der Schweiz. Stuttgart 1984

Ein reines Filmlexikon des deutschsprachigen Films, in dem alphabetisch geordnet wichtige Regisseure, Kameraleute, Schauspieler, Musiker u. a. mit ihrem Filmschaffen auf jeweils 2–3 Seiten vorgestellt werden. Eine Filmografie rundet jeden Artikel ab, zahlreiche in den Text gesetzte Szenenfotos sorgen für größere Anschaulichkeit. Mit Hilfe eines sehr ausführlichen Namens- und Filmregisters erschließen sich oft weitere Informationen zu einzelnen Persönlichkeiten.

Krusche, Dieter: Reclams Filmführer. 5., neu bearbeitete und erweiterte Auflage. Stuttgart 1982

Das umfangreiche Werk, das von Zeit zu Zeit aktualisiert wird, ist ein echtes Nachschlagewerk des deutschen und internationalen Films. Den Hauptteil macht ein alphabetisch gegliedertes Filmlexikon (580 Seiten) aus, das auf knappem Raum (selten mehr als 1 Seite) wichtige Daten, eine Inhaltsangabe und eine Kurzanalyse zu bedeutenden Filmen enthält. Ergänzt wird dieser Teil durch ein ebenfalls alphabetisch geordnetes Lexikon der Regisseure, eine Darstellung „Der Film in den einzelnen Ländern" sowie ein ausgefeiltes Register, das auch Autoren literarischer Vorlagen berücksichtigt.

987 654 32